Lecturas

4º Primaria

Selección y adaptación de textos
Carmen Lomas Pastor
Ilustraciones
Juan Ramón Alonso

esc

Editora Social y Cultural, S. L.
Costa Brava, 6
28034 Madrid (España)
Tel.: 91 431 92 05
Fax: 91 576 90 53
sc@fomento.edu
www.editora-sc.es

Selección y adaptación de textos:	Carmen Lomas Pastor
Dirección editorial:	Ana Rueda Roncal
Coordinación editorial:	Dolores Rodríguez Fraile
Coordinación de producción:	Juan Carlos Gómez Morán
Ilustración:	Juan Ramón Alonso
Diseño y maquetación:	José Luis Varea Perdiguer
Impresión:	Villena, Artes Gráficas Cardenal Herrera Oria, 242 28035 Madrid

El empleo de las formas masculinas en este libro pretende facilitar de un modo sencillo la lectura del texto y evitar así la constante referencia al femenino y al masculino. No refleja, por tanto, ningún prejuicio sexista.

ISBN: 978-84-8077-471-0
Depósito Legal: M-13296-2014

Presentación

Este libro está dedicado fundamentalmente —que no exclusivamente— a los seres fantásticos, a esos seres que no existen en el mundo real pero que pueblan nuestra imaginación y nos llevan a soñar. Pretende ser un medio para estimular la fantasía y la creatividad, y mejorar las habilidades lectoras de los alumnos: que lean mejor y disfruten leyendo.

Al igual que *Lecturas 3º*, no es un libro de Lengua, ni tampoco un «cuaderno» para poner en práctica lo aprendido en esta clase, es un libro para pasarlo bien soñando, para disfrutar viviendo aventuras lejanas y a veces irreales, inexistentes.

Los 16 bloques que forman este volumen reúnen textos narrativos en prosa o en verso y también algunos dramáticos. En cada bloque se mezclan historias o relatos con poesías, también hay algunas «frases hechas» y anécdotas. Abundan los temas y personajes de la literatura fantástica (enanos, gigantes, elfos, brujas, ondinas, genios, dragones, fantasmas, vampiros, etc.) pero van mezclados con otros que son reales. El bloque 4 está dedicado a la Navidad.

Al final, se incluye un glosario con las palabras que pueden tener alguna dificultad para los lectores. Estas palabras son las que aparecen en el texto con color azul. No se han incluido algunas palabras que ya se pusieron en el glosario del libro *Lecturas 3º* y que el alumno ya conocerá.

El profesor utilizará el libro para desarrollar las destrezas lectoras, de velocidad y comprensión, para aumentar el vocabulario, y como un medio más para estimular la creatividad de los alumnos fomentando la imaginación.

Se han incluido unas «Sugerencias de actividades» que pretenden ser una ayuda para el profesor, pero nunca una tarea obligatoria para realizar.

Índice

OTROS TEXTOS	PARA CONOCER	VARIOS
- Lo que cuenta un libro.	- Pregón por el Día del Libro.	
- Cómo se hace un libro. (Cómic)		- ¿Por qué leer? - Los libros son…
		- Fiestas del Libro. - Pregón del Día de la Biblioteca.
- El Belén que puso Dios. (Teatro)	- La adoración de los Reyes.	
- La magia de los libros. (Teatro)		
- Rayas, el duende.	- ¿Quién era Johannes Gutenberg?	
- La momia Regina.		- Frase hecha: «Poner los pies en polvorosa».
- El Hada Azul.		
	- El fantasma de Canterville.	- Frase hecha: «Tener cabeza de chorlito».
- Un geniecillo del agua.		
- La huida del pintor Li.		
-E l cazador de sombras.		- ¿Qué pasa en un libro cuando está cerrado?
- El pirata Timoteo. (Teatro)		
- ¿Eran molinos o eran gigantes? (Teatro)		- Frase hecha: «Pasar la noche en blanco».
- La xana Ottilie pide ayuda.		
- Lluvia de fuego (El viaje de Xía Tenzin).		- Veamos lo que trae el tiempo. (Consejo chino)

1

Entrar en un cuento

En el patio del colegio se ha establecido un bibliobús, y los alumnos acuden a él para sacar libros. El bibliotecario es un anciano de barbas blancas y ojos risueños que se llama Duendidón.

Marta se sentó sobre la cama, encendió la lámpara de la mesilla y empezó a leer.

Unas semanas antes había leído *La isla del tesoro*, y desde entonces deseaba leer otro cuento de piratas. Por eso, fue al bibliobús para llevarse un libro de piratas y leerlo. Encontró varios y sacó uno que tenía en la portada un pirata con un parche en el ojo izquierdo y un loro rojo y verde sobre el hombro. Se titulaba *El fiero Aguazul*.

Empezó a leerlo. La aventura comenzaba cuando Elías, acompañado por su hermano Pablo, se dirigía en barca a una isla cercana a su pueblo. La isla apenas tenía un kilómetro cuadrado de extensión, y estaba despoblaba. Solo había algunos animales: gaviotas, cangrejos blancos, tortugas gigantes, lagartos verdes con puntos naranjas en la panza...

Elías quería llegar a la isla para pintar el paisaje que desde allí se veía. A Pablo le gustaba fijarse en cómo su hermano dibujaba y mezclaba los colores sobre el lienzo. Al llegar a la isla, los dos subieron a la roca más alta con las pinturas y pinceles en sus mochilas. Elías enseguida empezó a pintar. Pablo le observaba.

De pronto, Elías puso un gesto de preocupación. Con su catalejo vio que allá lejos, un barco se hundía echando humo. Después, otro barco con bandera pirata se acercaba a la isla. No tardó en desembarcar un hombre con un loro en su hombro:

el famoso pirata Aguazul. Enseguida, toda la tripulación llegó a la orilla riendo y hablando entre ellos. Entre varios piratas sostenían un cofre.

—¡Enterremos el tesoro de aquellos estúpidos! —gritó Aguazul.

—¡Estúpidos! ¡Estúpidos! —repitió el loro.

—¡Qué fácil ha sido vencerlos! —exclamó otro pirata.

—¡Qué fácil! ¡Qué fácil! —repitió el loro.

Cuando iban a enterrar el cofre, miraron hacia la roca donde estaban Elías y su hermano Pablo y se dieron cuenta de que habían sido vistos. Aguazul gritó:

—¡Nos han visto! ¡Que no escapen!

El loro, sobre el hombro de su amo, repitió:

—¡Que no escapen! ¡Que no escapen!

Los piratas dejaron el cofre en la orilla y se dirigieron hacia ellos a gran velocidad.

—Tenemos problemas. Hay que huir —le dijo Elías a Pablo que ya se había dado cuenta de lo que pasaba.

Cuando Marta leyó esto, pensó: «Esos piratas no deben salirse con la suya».

Cerró los ojos. Deseó con todas sus fuerzas ayudar a los dos hermanos. Y cuando abrió los ojos, estaba con ellos, en lo alto de la roca. A la izquierda tenía a Elías y a la derecha a Pablo. Los dos la miraban con unos ojos enormes, pues no podían creer lo que estaban viendo. Mientras, los piratas subían corriendo a por los tres.

—¿De dónde has salido? —le preguntaron, a la vez, los hermanos.

—No lo sé. Yo estaba leyendo el cuento donde aparecéis...

—¡Magia! ¡Magia! —exclamó Pablo.

—Os quiero ayudar —replicó Marta.

—Bueno, ahora debemos huir —dijo Elías al ver a los piratas escalando la roca.

—Mejor escondámonos en una cueva —sugirió Marta echando un vistazo a su alrededor.

En el suelo se abría un agujero de un metro escaso de diámetro entre los troncos de dos árboles centenarios. Parecía conducir a algún pasadizo secreto.

—¡Por ahí! —gritó Marta señalándolo.

Elías dudó de aquella idea. Reflexionó unos segundos. Pero, cuando los piratas empezaron a disparar, la duda se le despejó de inmediato. Agarrando del brazo a su hermano y a Marta, se lanzó con ellos por aquella galería, deslizándose a toda velocidad. En el trayecto, a oscuras, se iban dando golpes contra las paredes —menos mal que eran de arcilla blanda— y cayeron al fin sobre un suelo húmedo.

—¡Ay! ¡Ay! —Pablo se quejó de dolor.

—¡Vaya cabezazo me he dado! —exclamó Marta.

En ese mismo momento quedaron paralizados. Un mensaje de Aguazul, en forma de eco, llegó a sus oídos, a través del mismo agujero por el que ellos se habían lanzado:

—¡Sabemos dónde estáis! ¡Os vamos a capturar!

El loro repitió:

—¡Os vamos a capturar! ¡Os vamos a capturar!

Elías respiró hondo, e inmediatamente dijo a Marta y a Pablo:

—Tiene que existir una salida. Todas las cuevas las tienen... Vamos a buscarla... Dadme la mano y avancemos juntos.

A oscuras, dieron unos cuantos pasos sin soltarse de la mano. Luego se detuvieron un instante, tragaron saliva y dieron un paso; el segundo paso no lo llegaron a dar porque, al posar el pie en el suelo, cayeron por un túnel.

Y estuvieron bajando durante muchos segundos. Temieron que ese descenso les condujera a un lugar del que no pudieran salir. Pero no. Les condujo al exterior, a la orilla del mar. A pocos metros vieron el cofre, y no había nadie vigilándolo. Los piratas lo habían abandonado para perseguirles.

—¡Nos hemos salvado! —gritó Pablo, dando saltos de alegría.

—¡Huyamos en nuestra barca! —exclamó Elías.

Marta, señalando el tesoro, sugirió:

—Vamos a llevárnoslo. Aguazul lo ha robado, pero nosotros se lo daremos a los pobres. Entre los tres podemos llevarlo a la barca.

—Sí. En el pueblo hay muchos pobres entre los que repartirlo —reconoció Pablo.

Con mucho esfuerzo lo transportaron a su barca. Algunos piratas ya les habían divisado desde lo alto de la roca y bajaban disparando contra ellos.

Elías agarró un remo; Pablo y Marta el otro. Remaron con todas sus fuerzas. Se levantó un viento que les ayudó también a alejarse muy rápidamente de la isla. Al cabo de una media hora, cuando miraron hacia atrás, no se veía ni rastro de los piratas. Entonces, una vez que estuvieron fuera del alcance de Aguazul, Elías, sin dejar de remar, se dirigió a Marta:

—Dinos la verdad, por favor. ¿De dónde has venido?

—No lo sé... De verdad, no lo sé... Estaba leyendo en mi habitación un cuento que hablaba de vosotros... En el momento en el que los piratas os perseguían, cerré los ojos y cuando los abrí… me encontré en lo alto de la roca.

—Es muy extraño. Pero, lo que importa es que estamos a salvo —comentó Elías.

Su hermano asintió y dijo:

—Y además, con un tesoro que vendrá muy bien a los pobres. ¡Abramos el cofre!

Dejaron de remar y Elías sacó una navaja de su bolsillo, que solía utilizar para raspar algún pegote de pintura en el lienzo, y forzó el candado que protegía el cofre. Al abrirlo, se quedaron fascinados. Había monedas, anillos, coronas, pendientes, broches, dagas y pedruscos de colores. Las piedras preciosas brillaban en los ojos de los tres. […]

Podrían ayudar a todos los pobres del mundo con tantas riquezas. A Marta le gustó un anillo con una piedra violeta, porque nunca había visto ese color en una sortija. Resplandecía como una luciérnaga malva. Lo cogió y se lo colocó en el dedo meñique de la mano derecha. Con él puesto, todo parecía más hermoso: el mar más oloroso, las olas más juguetonas, el cielo más azul, las gaviotas más amigas, el viento, al chocar contra su cara, más musical... La misma barca se balanceaba ahora como al compás de una canción de sirenas.

Marta cerró los ojos de satisfacción. Estuvo así mucho tiempo, gozando y olvidándose de dónde estaba. Cuando abrió los ojos, se encontró de nuevo en su habitación, sentada sobre su cama, con la luz de la mesilla encendida y el cuento abierto entre sus manos.

Le había parecido tan real su aventura que le dio rabia pensar que todo había sido un sueño; cerró el libro de golpe y... salió una nube de polvo.

Algún poder mágico debía de tener aquella nube salida del cuento porque, antes de que Marta terminara de ponerse el pijama, se quedó dormida.

Al día siguiente por la mañana, algo enfadada, golpeó con los nudillos la puerta del bibliobús. Estaba lloviendo. El agua de la lluvia se deslizaba por su cara. Metió su carpeta y el libro bajo el abrigo para que no se mojaran y volvió a golpear la puerta con mayor insistencia. Pasó un buen rato hasta que apareció Duendidón. Y, antes de que él pudiera ni dar los buenos días, Marta le dijo:

—Quiero devolver este cuento.

—¿Te ha gustado? —le preguntó el anciano recogiéndolo.

—No... No... Es un cuento muy tonto.

Marta se marchó corriendo y se metió en el lavabo. Abrió el grifo del agua y colocó las manos bajo el chorro; al subirlas con el agua hacia la cara, se dio cuenta de que llevaba puesto en su dedo meñique el anillo de la piedra violeta.

En los destellos mágicos del anillo se escondían la paz, el mar, la alegría, el viento, las nubes... Entonces se dio cuenta de que no lo había soñado, que era verdad que había vivido esa aventura. Y salió precipitadamente hacia el bibliobús.

Llamó a la puerta del bibliobús con fuerza, y salió Duendidón:

—¿Qué quieres ahora? —preguntó.

—Volver a sacar el cuento que acabo de devolver.

—Me habías dicho que no te había gustado.

—Mentí. La verdad es que sí me ha gustado. Quiero leerlo de nuevo.

—No puede ser —replicó Duendidón de forma contundente—. Se lo acaba de llevar otro niño...

Marta cerró los puños de rabia. Se le volvieron a humedecer los ojos.

Duendidón añadió:

—Por cierto, ese anillo violeta que llevas en la mano... ¿no estaba dentro del libro?

Marta se escapó corriendo y no contestó.

Pero, se lo pensó mejor y decidió devolver el anillo. Quizás, si el anillo se metiera entre las páginas del cuento, de algún modo llegaría a manos de Elías y Pablo. Ellos se lo harían llegar a alguna persona pobre. Con ese anillo, cualquier persona desamparada del mundo podría comprar lo que necesitase.

Marta llegó pronto al colegio pues quería entregar el anillo cuanto antes. Se acercó al bibliobús y gritó con todas sus fuerzas:

—¡Duendidón! ¡Ábreme!

—¿Qué quieres, niña? —preguntó el anciano nada más abrir.

—Vengo a devolver este anillo... pues pertenece al tesoro que está dentro del cuento.

El anciano la miró con ternura y dijo:

—Sí... Cierto... Elías y Pablo me preguntaron por ti.

—¿Te preguntaron por mí? —preguntó la niña con un nudo en la garganta.

—Sí. También me pidieron que, si volvías con el anillo, te diera un mensaje. Que esperan encontrarte algún día en otro cuento.

Marta se emocionó y se dio la vuelta y echó a correr. [...]

Seguro, pensó Marta, que el siguiente lector empezaría la aventura donde ella la había terminado: en la barca entre Elías y Pablo, al lado del cofre abierto.

Adaptación de un cuento de *El bibliobús mágico*, César Fernández García, Ed. Brief.

¿Por qué leemos tan poco?

No hay nada como leer
para aprender un montón
y usar la imaginación.
Si nos ayuda a crecer
y nos desarrolla el coco,
¿por qué leemos tan poco?

Carlo Frabetti,
Fábulas de ayer y de hoy,
Ed. Alfaguara.

Leer

Leer, leer, leer, vivir la vida
que otros soñaron.
Leer, leer, el alma olvidada
las cosas que pasaron.
Leer, leer, leer, ¿seré lectura
mañana también yo?
¿Seré mi creador, mi criatura,
seré lo que pasó?

Miguel de Unamuno

Las palabras que se lleva el viento

Estas son las palabras
que me ha traído esta mañana
el viento.

Palabras para hablar por casa,
palabras que huelen a pan
recién hecho.

Palabras para hablar en paz,
palabras que si dicen «blanco»
dicen «negro».

Palabras que no son de nadie,
palabras que no tienen precio.
Palabras para hablar de cerca
o de lejos.

Palabras, palabras y más palabras.
Palabras que se lleva el viento.

Juan Carlos Martín Ramos,
Las palabras que se lleva el viento,
Ed. Everest.

Atrapando personajes

En mi salón solitario,
a la luz de cuatro velas,
se abren de golpe los libros,
y huyen como presidiarios
los héroes de mis novelas
para ensayar equilibrios
por lo alto del armario.
Algunas noches me oculto
a verles sin hacer ruido.
Y al comenzar el tumulto,
los atrapo en un descuido,
y tras esta estratagema,
los encierro en mis poemas,
entre letras y sonidos.

Pedro Mañas Romero,
Poemas para leer antes de leer,
Ed. Hiperión, Col. Ajonjolí.

Leer...

Es viajar, y no en avión,
coche, barco, tren ni moto,
a cualquier lugar remoto,
sin moverte del sillón.
Navegar por el Mar Muerto,
escalar el Himalaya
o una pirámide maya,
ir en camello al desierto...
Es trasladarte al futuro
o pasear de la mano
por el pasado lejano,
sin necesitar conjuro.
Subir a un mamut lanudo,
ver a Cleopatra en su trono
—¡cómo se da pisto y tono!—,
visitar Marte a menudo...
Escuchar con atención
esas historias aladas
que, con palabras calladas,
vuelan hasta el corazón.
Conversar con Gloria un rato
del camello de Melchor,
de un pingüino con calor,
de Chundarata o don Pato...
Es refugio y es consuelo,
como el cálido achuchón
que, con sabor a canción,
te da una nube del cielo.
Llamar al hado Parchís,
que ayuda con su varita
a aquel que lo necesita
si el mundo se vuelve gris.
La lectura es compañera,
esa amiga singular
con la que puedes contar,
hogar que acoge y espera.

Carmen Gil,
en www.poemitas.com

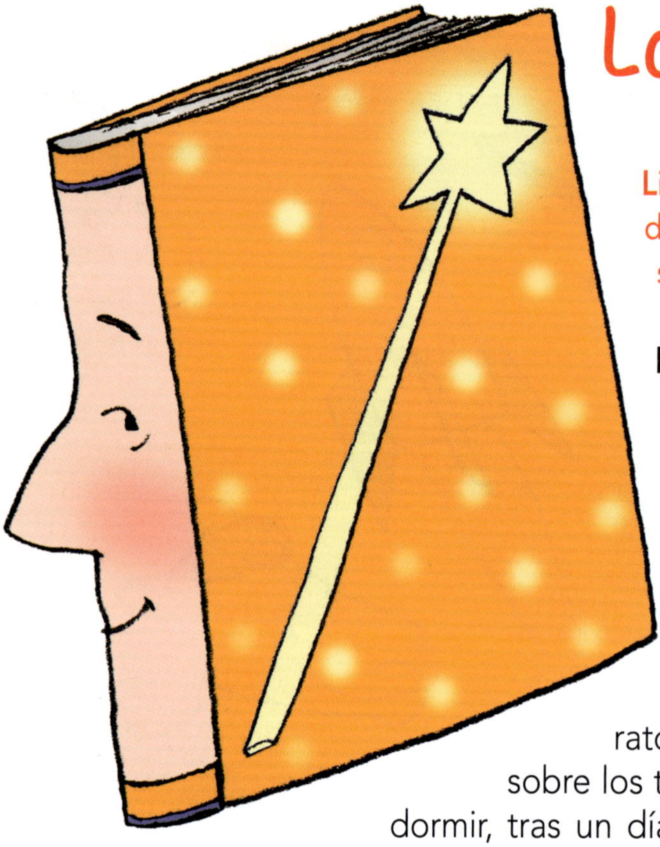

Lo que cuenta un libro

Libro viajaba de un lugar a otro, contemplaba distintos paisajes, conectaba con distintas personas, influía en todas y les hacía soñar.

Libro cruzó un mar del color de plomo al que el viento arrancaba olas gigantescas; luego se adentró en un desierto de arenas rojizas y áridas que abrasaban; después sobrevoló una selva de exuberante vegetación en la que seguramente el hombre no había pisado jamás... [...]

María no se acababa de dormir y ya hacía rato que las estrellas conversaban con la luna sobre los tejados de la ciudad. El sol se había ido a dormir, tras un día de duro trabajo, brillando como había que hacerlo en primavera, para dar vida otra vez al bosque. María ese día lo había pasado en el campo en compañía de sus primos. Jugaron sin parar, revolcándose por la hierba fresca, plagada de flores.

Ahora era como si las piernas de la niña quisieran seguir moviéndose a pesar de estar tan cansadas... y sus ojos no se querían cerrar después de tantas emociones.

Libro penetró silencioso por la ventana entreabierta de su cuarto y se posó sobre la mesilla de noche.

Venía **Libro** del otro lado del mundo, tras haber explicado a un visir el secreto de las estrellas por las que se hallaba fascinado.

«Muchas estrellas de las que brillan en la noche no existen en realidad, pues se extinguieron hace ya muchos años... lo que vemos es luz viajando hacia nosotros a través del espacio...»

Libro le mostró con maravillosos dibujos todos los planetas del sistema solar. El visir quedó fascinado con los anillos de Saturno... Ahora sí que se sentía realmente poderoso.

La madre de María vio el libro e hizo un gesto de extrañeza. En la portada tenía impresa en oro una varita mágica. Lo abrió suavemente y comenzó a leer en voz alta una de las historias que **Libro** contenía.

A María se le despertaron aún más los ojos, luego se fueron lentamente entornando, pero sus oídos no dejaban escapar una sola de las palabras que su madre, con voz pausada, iba extrayendo de sus páginas.

«... Y de nuevo la paz y la alegría retornaron al bosque. Las aguas volvieron a fluir contentas y cristalinas, el viento a silbar entre los árboles y la hierba a brotar nueva y fresca.

El Unicornio lanzó su relincho armonioso y todas las criaturas despertaron.

El señor del bosque volvió a sonreír pues era evidente que el maleficio había terminado.»

Y con la paz del final feliz del cuento, María se durmió. Su madre dejó sobre la mesita de noche el libro, dio un beso a su hija, apagó la luz y salió de la habitación.

Libro, de inmediato, abandonó la casa por la misma ventana por la que había entrado.

Libro seguía su camino, buscando nuevos lectores. Y llegó hasta...

El *Aurora* era un pequeño barco de vapor que llevaba recorriendo, desde hacía ya más de un año los mares, transportando unas veces trigo, otras algodón... y algún pasajero ocasional.

Los marineros comenzaban a sentir nostalgia de la vida en la tierra, de sus familiares y amigos, de sus casas y ciudades; estaban cansados ya del paisaje del mar.

Libro apareció en el camarote del contramaestre, llenas sus páginas de historias de amor, de conflictos familiares y de todo aquello que genera la vida en las ciudades y en los bosques... tan lejanos...

Una de las historias trataba de un policía que resolvió el robo de un cuadro famoso.

... Y **Libro** fue pasando de mano en mano por toda la tripulación, y su lectura hacía más cortos los días a bordo del *Aurora*. Hasta que, finalmente, el barco arribó al puerto de donde había partido hacía ya tanto tiempo...

Ángel Esteban, *Lo que cuenta un libro,* Ed. Magisterio, Col. Punto Infantil.

Pregón por el Día del Libro

(Para gente de tres palmos, más o menos)

LIBROS ¡A VOLAR!

Libros, libritos, librazos y librillos.
¡Salgan todos del armario!
¡Abandonen las estanterías!
¡Dejen atrás los recovecos oscuros de un pasillo!
¡Invadan nuestros corazones!

Los libros tienen que moverse; no pueden estar quietos permanentemente
(y no deben).
Los libros tienen que viajar de un lado para otro, igual que lo hace nuestra
imaginación, nuestras alegrías. Igual que las risas suben y bajan,
el hipo suena,
las rosas huelen,
las manos acarician,
la esperanza tiene color,
el libro debe moverse.

Los libros escondidos no sirven para nada.
Los libros escondidos se mueren.
Los libros escondidos se aburren, y cuando eso ocurre,
también se aburre una parte de nosotros.
Tenemos que sacar a los libros de las cuevas.
Nosotros y nosotras somos los responsables.

Tenemos que sacar los libros a la luz del día o de la noche.
A las estrellas les gusta leer. Al sol igual.
Así que levanta la piedra que alguien puso encima del libro y
déjalo libre, para que vuele bien alto.
Los libros no se cansan. Los libros no tienen agujetas.
Los libros son tan fuertes como nosotros y nosotras.
¡Vivan los libros!
¡Vivan los que leemos libros!
¡Vivan los que no han leído nunca ningún libro pero están a punto de hacerlo!

www.animalec.com/wpanimalec/?p=258

2

Trocólo, un duende de imprenta

El duende Trocólo Horus procedía de una de las familias más cultas de esa época. Su bisabuelo, Obdulius Horus, conoció en la ciudad de Maguncia (Alemania) a Juan Gutenberg, que había inventado un modo nuevo de estampar el papel. Obdulius, fascinado por el invento, aprendió en un par de semanas el oficio. [...]

> Se instaló en la ciudad de Estrasburgo y solicitó la creación de un club para los duendes de imprentas.

El Consejo de Duendes aprobó la creación de «El Club de los Cinco Mil Duendes de Imprenta», que se instalaron en cinco mil imprentas repartidas por todo el mundo, para ocuparse de la revisión de todos y cada uno de los trabajos realizados en los talleres.

El padre de Trocólo se llamaba Segismundo. Era delgado como una espiga y tenía la nariz hinchada y roja como una ciruela. La madre de Trocólo, llamada Segismunda, siempre tuvo la esperanza de que su hijo no solicitara el ingreso en el Club de los Cinco Mil, pero se equivocó de cabo a rabo.

El abuelo de Trocólo, Juan Horus, cuando lo vio patalear en la cuna, supo enseguida que sería un duende travieso, despistado y más listo que el hambre. Sus ojos eran grandes y redondos, la nariz igual que la de su padre, y el pelo amarillo como el de una panocha.

Durante la Primera Guerra Mundial, la familia de Trocólo vivió escondida tres años en las ruinas de un palacio a las afueras de Roma. Y fue entonces cuando el abuelo Juan Horus le contó a Trocólo sus historias de imprenta.

Una de aquellas aventuras tenía por protagonista a don Miguel de Cervantes, a quien el abuelo decía haber conocido en la imprenta madrileña de un tal Juan de la Cuesta. Así contaba la historia el abuelo:

«Corría el año 1605 cuando sentí el irresistible deseo de viajar. Mi primera intención fue la de conocer las Indias Occidentales, pero para ello era imprescindible embarcarse durante meses y tuve miedo de marearme. Después de mucho pensarlo, me decidí a visitar la capital de España, donde reinaba Felipe III, nieto del emperador Carlos V.

Hice el viaje en compañía de una familia de buhoneros y me instalé en la imprenta de Juan de la Cuesta. Apenas tuve tiempo de familiarizarme con el lugar, cuando conocí al gran Cervantes. Era alto y fuerte, y al hablar movía constantemente la mano derecha. La otra la mantenía inmóvil, puesto que, según pude saber después, había sido herido en la batalla de Lepanto por la bala de un arcabuz.

Todas las mañanas acudía al taller y pedía pluma y tintero para corregir las páginas impresas el día anterior. Yo las leía por las noches, cuando la luna iluminaba los tejados y el silencio invadía las calles. El libro tenía dos personajes: don Quijote y Pancho Panza. El primero era un caballero de la Mancha, y el segundo, su fiel escudero. Pero no es el momento de narrar aquella historia, sino de contar lo que me ocurrió con el manuscrito de don Miguel.

Llegó el día de imprimir las páginas definitivas y todos estábamos muy nerviosos. Los empleados hicieron su trabajo y prepararon, letra por letra, los moldes de madera. Yo no había dormido las últimas tres noches revisando hasta la última coma y procurando que todo estuviese en orden. Sin embargo, no sé cómo ni por qué, cometí un grave error y cambié la letra inicial de Pancho por una S tan alta y larga como un gusano. Lo demás no es necesario que lo cuente, porque, como se puede adivinar, el escudero de don Quijote pasó a llamarse Sancho en lugar de Pancho, y así ha quedado inmortalizado.»

Trocólo había decidido hacer realidad la historia del abuelo. Viaja a España para conocer la imprenta de Juan de la Cuesta y los lugares donde había estado su abuelo. En el puerto de Génova le despidieron sus padres. El barco atracó en Valencia, y desde allí viajó en tren a Madrid.

... Trocólo llegó a Madrid a las siete de la mañana. [...] La imprenta de Juan de la Cuesta estaba en la calle Atocha, muy cerca de la estación, tan cerca que decidió hacer el recorrido a pie.

Era temprano y, sin embargo, ya había mucho tráfico. Las gentes caminaban deprisa, como si alguien les esperara en las esquinas. El duende se detuvo junto a un semáforo y esperó a que el disco para peatones se pusiera color verde. [...]

Varios frenazos le avisaron de que era el momento de cruzar. Comprobó que el semáforo estaba rojo para los vehículos y se apresuró a atravesar la calle cuanto antes. Pero cuando se encontraba en el centro del paso de cebra, un ejército de piernas apareció ante sus ojos. Apenas tuvo tiempo de reaccionar, volvió sobre sus pasos y se coló en la boca de una alcantarilla. Entonces arrancaron los vehículos y la estampida dio paso a la invasión de la acera, lo que provocó empujones, caídas y pisotones.

> Trocólo no veía el modo de cruzar la calle sin ser arrollado, y optó por hacerse invisible y meterse en algún bolso o bolsillo de algún transeúnte. Pero la elección no fue muy acertada y tuvo problemas. Pero... consiguió cruzar la calle y avanzar por la calle Atocha.

La calle Atocha era ancha y empinada, con una fila de árboles en cada acera. El sol ya iluminaba los tejados y sus rayos rojos se reflejaban en los cristales de los balcones altos. Trocólo miraba a uno y a otro lado buscando alguna señal que hiciera referencia a la imprenta de Juan de la Cuesta. [...]

Al fin descubrió un edificio acristalado y el corazón le dio un vuelco. Aceleró el paso y se detuvo ante el portón con la esperanza de haber acertado. A pocos pasos de allí, justo en el centro del muro y entre las ventanas enrejadas, había una lápida con una escena del *Quijote* y la efigie de Miguel de Cervantes:

> AQUÍ ESTUVO LA IMPRENTA DONDE SE HIZO EN 1604 LA EDICIÓN PRÍNCIPE DE LA PRIMERA PARTE DE *EL INGENIOSO HIDALGO DON QUIJOTE DE LA MANCHA*, COMPUESTA POR MIGUEL DE CERVANTES SAAVEDRA Y PUBLICADA EN MAYO DE 1605.
>
> CONMEMORACIÓN MDCCCCV

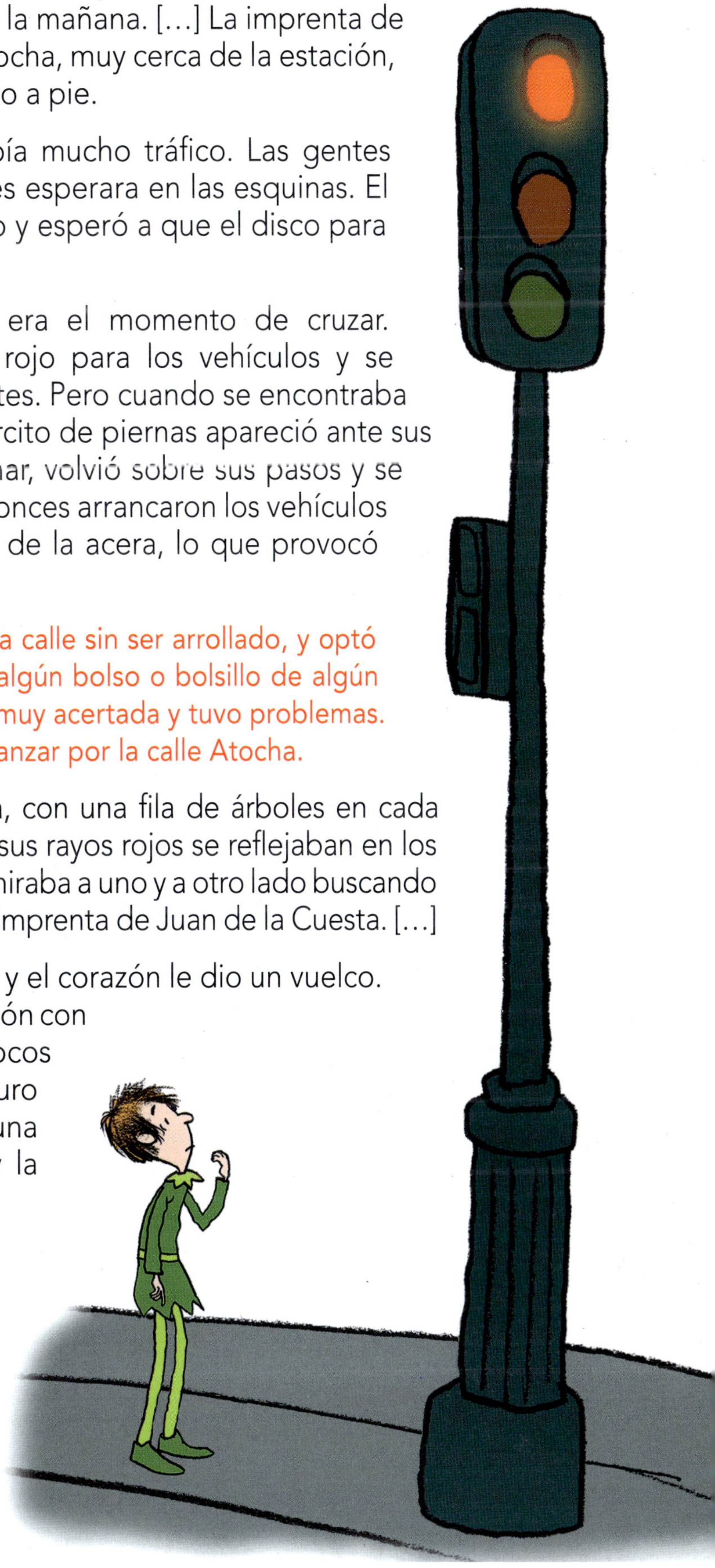

Ya no existía la imprenta de Juan de la Cuesta, y Trocólo empezó a pensar que no había valido la pena haber hecho un viaje tan largo para nada. Pero decidió comer algo antes de regresar a la estación y emprender el viaje de regreso. Con el estómago lleno todo empezó a parecerle distinto y decidió buscar una imprenta donde quedarse.

La imprenta de Jaime Rius estaba situada en un moderno edificio de tres plantas. Desde el exterior, nada hacía pensar que allí dentro se compusieran, imprimieran y encuadernaran libros. Varios hombres descargaban papel desde un gigantesco camión y lo introducían por una de las puertas que aún permanecían abiertas. Trocólo esperó a que anocheciera para entrar en el edificio e investigar todo.

La planta baja estaba repleta de máquinas. Al fondo había un ascensor y una estrecha escalera que conducía a los pisos superiores. En el primero estaban las oficinas, con varios despachos divididos por un largo pasillo. Continuó subiendo y se encontró ante una puerta blindada. Estaba a punto de volverse atrás cuando descubrió una rejilla del aire acondicionado. Saltó sobre la barandilla de la escalera y desde allí a la rejilla. No le fue fácil entrar, pero si algo caracteriza a los duendes es su habilidad para colarse por cualquier agujero.

Era una sala oscura, silenciosa y abarrotada de artilugios de plástico, madera y hierro, con las paredes cubiertas por estanterías repletas de libros y el suelo lleno de papel impreso. Tropezó con un cajón de madera y descubrió al tacto que contenía tinteros, secantes, libros, plumas, telas, papel de guardas y pieles de encuadernación.

Aquel lugar le había gustado y empezó a plantearse la posibilidad de quedarse allí. El olor a tinta y a libro viejo le atraía, pero le seducía mucho más la posibilidad de descubrir los secretos escondidos entre las cuatro paredes. Desde las ventanas de la imprenta se veía la calle solitaria y los letreros luminosos que se encendían y apagaban al ritmo del tic-tac de los relojes.

Luego cerraron las puertas y los vigilantes iniciaron la ronda de vigilancia, que repitieron cada dos horas. Llevaban perros y Trocólo se divertía haciéndoles ladrar mientras los vigilantes no eran conscientes de que allí había un duende.

A las ocho de la mañana, las máquinas del taller ya estaban en pleno funcionamiento. El duende salió del agujero donde había dormido, se estiró, bostezó y contempló el espectáculo mientras se atusaba. Desde allí arriba no se veía claro. La nave estaba dividida en cuatro partes, que se correspondían con las diferentes tareas de la elaboración de los libros. Era como un enorme parchís donde cada color tenía una misión concreta: en el primer ángulo estaban las secciones de composición y montaje, en el segundo se hallaba la fotomecánica, en el tercero las máquinas de imprimir y en el cuarto la encuadernación.

El duende se encontraba como en su propia casa. Aquella imprenta no era como las que habían conocido su padre y su abuelo. Todo era más moderno y, por lo tanto, había mucho que aprender. Se sentía orgulloso de controlar un taller tan impresionante y, antes de recorrer cada sección, quiso desperezarse lavándose la cara y tomando café calentito.

Ni siquiera tuvo que hacerse invisible. Su ansia por acabar cuanto antes, le llevó a beberse un vaso entero de uno de los oficinistas. Esto provocó un altercado entre los compañeros.

—¿Quién ha sido el gracioso? —gritó el oficinista.

Nadie contestó. Le miraban extrañados al no entender a qué venía la pregunta. Por si acaso, Trocólo se introdujo en el cajón de la mesa y esperó a que las aguas volvieran a su cauce. [...]

En la última puerta del pasillo estaban los lavabos. El duende saltó hasta la repisa del espejo y contempló detenidamente su diminuto cuerpo. Entonces comenzó a hacer muecas y se olvidó de que podrían descubrirle. La puerta se abrió sin que lo advirtiera, y Trocólo oyó tal alarido que se desvaneció como un fantasma, al tiempo que se escondía bajo los lavabos. [...]

Había entrado en los lavabos una mujer que al ver a Trocólo pidió socorro y se desmayó del susto. Cuando se recuperó, decía...

—¡Un mons... mons...!

—Cálmese, doña Angustias, aquí no hay ningún monstruo.

—Se habrá mirado en el espejo —comentó alguien en voz baja.

La pobre mujer contó lo que había visto y solo consiguió que la tomaran a chirigota. Entre risas y burlas fue obligada a comprobar que todo había sido un espejismo. El duende se preguntaba si era tan feo como para ser el causante de semejante susto.

Adaptación de un fragmento de *Trocólo, el duende de la imprenta,*
Juan Miguel Sánchez Vigil, Ed. Edelvives, Col. Ala Delta.

Cómo se hace un libro

Desde los tiempos remotos los hombres escriben, dibujan y leen. Claro está que lo hacían con unos dibujos y unos signos muy diferentes a los nuestros. En la Edad Media los monjes se preocuparon de formar bibliotecas donde se escribían a mano todos los libros, uno por uno, letra por letra. Eran los manuscritos que, aún hoy, se conservan como tesoros. En el año 1450, en la ciudad de Maguncia, Gutenberg empezó a imprimir libros con letras de metal. De esta manera, en vez de pasar semanas y semanas copiando un libro, podían hacerse cien copias en una sola semana. Desde entonces, los libros se han perfeccionado mucho. A continuación se enumeran en este cómic los pasos que se siguen hoy para hacer un libro.

- **El autor** ha tenido una idea y la escribe. Para que el relato sea creíble, consulta con expertos los asuntos de los que trata (ya sea un historiador, un médico, un científico...).

- El autor envía o lleva lo escrito a **la editorial** (que es la empresa que elabora los libros), buscando que se lo publiquen. En la editorial, **el editor** recibe lo que ha escrito el autor, lo revisa y, si le interesa y decide hacer un libro, firma un contrato con el autor.

- El editor y **un diseñador** hacen un esquema de cómo confeccionar cada página del libro y la portada (texto, ilustraciones, dibujos o fotos). A esto se le llama **diseño de maqueta**.

- Cuando el libro tiene ilustración, el editor busca y encarga a un **dibujante** o/y **fotógrafo** que elabore los dibujos o fotografías. En las editoriales suele haber un archivo fotográfico y de imágenes, y en algunos casos es de este archivo de donde se sacan las más adecuadas para el libro.

- **El corrector** realiza la corrección o revisión del texto —por encargo del editor—, repasando todo cuidadosamente para que no haya ningun error. Esta corrección se hace al mismo tiempo que se preparan las fotografías o se elaboran los dibujos.

• Cuando el texto está corregido y las ilustraciones o fotografías realizadas, se envía al **maquetista,** que combinará ambas cosas, de acuerdo con el diseño que se había acordado.

• Una vez maquetado, el libro se revisa por segunda vez por **el editor** y **el maquetista.** Se adapta el tamaño del texto (que pudo quedar corto o largo) y se vuelve a repasar por si hay errores.

• Uno de los pasos finales es la revisión y corrección del color, que realiza **el diseñador, el editor** y **el impresor;** los colores deben ser los correctos y han de verse bien al imprimirse.

• Completado este proceso (que cuesta meses), el libro ya está **preparado para «entrar en prensa»,** es decir, para ser llevado a la imprenta.

• En **la imprenta** se imprime el texto y los dibujos sobre grandes hojas de papel en una máquina impresora. Luego, **el encuadernador,** con la ayuda de grandes máquinas, corta, pliega y cose los pliegos hasta darles forma de libro. También pega las guardas y pone las tapas.

• Los libros, ya encuadernados y listos para la distribución, se llevan al **almacén.**

• **El distribuidor** recoge los libros del almacén y los reparte a las librerías de los pueblos y ciudades.

• **Las librerías** venden los libros, y allí podemos comprar los que queramos.

¿Por qué leer?

Leer para crecer.

Leer no es importante… ¡¡es imprescindible!!

¡¡Leer para imaginar, para soñar, para disfrutar!!

Hay poca diferencia
entre los que **NO SABEN LEER**
y los que **NO QUIEREN LEER.**

Los libros son…

Un libro… ¡Un amigo!

«Para viajar, no hay mejor nave que un libro.»
(Emily Dickinson)

«Los libros me enseñaron a pensar
y el pensamiento me hizo libre.»
(Ricardo Corazón de León)

+ LIBROS = + LIBRES

«Un libro abierto es un cerebro que habla;
cerrado, un amigo que espera;
olvidado, un alma que perdona;
destruido, un corazón que llora.»
(Proverbio hindú)

«Un libro es como un jardín
que se lleva en el bolsillo.»
(Proverbio árabe)

3

Los libros nos dan pistas

En una librería entra todo tipo de gente. Gente normal, gente no tan normal y gente como salida de alguno de los libros que están allí. Es interesante observar lo distintas que son las personas unas de otras. Un día estaba yo en la librería El Desván, hojeando un libro ingenioso de un escritor inglés que se llama Chesterton y comiendo un pedazo de chocolate, cuando apareció ante mí un señor algo misterioso. Cuando digo misterioso me refiero a que todo él era misterioso, su cara (oculta en parte por un gran sombrero), su ropa y hasta su manera de caminar parecían haber salido de una novela de Edgar Allan Poe.

—Buenas tardes —dijo el extraño.

—Buenas tardes, señor —dije yo.

—Necesito que me ayude a resolver un misterio.

—Aquí estoy para ayudarlo —respondí—; tengo libros para resolver todo tipo de problemas: crucigramas, rompecabezas, búsquedas de tesoros, ¿cuál es el misterio al que se refiere?

—No me refiero a ese tipo de misterios. Hablo de uno más grande. Yo soy detective: Ramón Lupaclara, para servirle.

El librero es un hombre con mala memoria, por eso cuando se dirige al detective «Lupaclara» se equivoca y le llama con nombres aproximados: Lupablanca, Lupaluz, Lupafulgente, Luparadiante, Lupalborosa, Lupasoleada.

—Ah, mucho gusto, señor Lupaclara. Una vez conocí a un Lupaoscura pero no deben tener mucho que ver. Y bien, ¿cómo podría ayudarlo yo?

—Es sencillo —dijo Lupaclara, que puso un tono aún más misterioso del que ya tenía—, resulta que estoy tras un caso muy serio. Se trata de un robo enorme, quizá de los más grandes que jamás se hayan cometido. Han robado las llaves de la ciudad. Estas llaves tienen un valor histórico incalculable, las mandó hacer el primer alcalde. Pero, regresando a lo que decía, en la investigación hemos llegado a lo que podría llamarse un punto muerto.

—¿Y bien? —dije yo, que no sabía qué tendría que ver un librero en todo esto.

—Los dos sospechosos son personas bastante cultas y tienen enormes bibliotecas —comentó el detective quedándose callado un momento y mirando a izquierda y derecha.

—¿Y?

Lupablanca se me acercó apoyándose en el mostrador y habló en voz muy baja...

—Alguien nos dijo que usted suele comentar a sus clientes que los libros pueden decir cosas de sus propietarios, y pensamos que a lo mejor nos podría ayudar a encontrar alguna pista —y terminó con una tosecilla falsa, como si lo dicho le hubiera ardido en la garganta.

—Eso que le dijeron es cierto, aunque no sé si funcionará en este caso. Depende de varios factores —y me quedé un momento callado para sopesar las posibilidades—. Como quiera que sea lo ayudaré; espéreme que me pondré un abrigo antes de salir.

Es así como empezó mi primera aventura en el mundo de los detectives, de los policías y de los misterios. El detective Lupaluz me llevó a la biblioteca del primer sospechoso, de quien no dijo el nombre para que no tuviera prejuicios en mis análisis. Así que a nuestro primer sospechoso yo le puse por nombre Británico, porque lo primero que vi al entrar en su biblioteca fue la *Enciclopedia Británica*.

Su biblioteca era enorme. Estaba hecha a la manera inglesa clásica, con dos pisos y escaleras de caracol que subían y bajaban entre un capital ingente de libros. Y me percaté que tenía novelas de ciencia ficción, lo cual decía que era un hombre preocupado por el futuro, y también tenía libros de ciencias puras, lo que decía que era un hombre atento por la investigación.

Eso de la investigación era precisamente una de las características de su biblioteca por la cantidad de libros enciclopédicos que tenía: sobre las razas, sobre el clima, sobre la geología, sobre el cine (hasta una enciclopedia sobre la aviación)... Y luego, algo empolvadas, una serie de novelas antiguas de detectives. En esa biblioteca uno también podía contemplar libros del Museo del Prado, del Louvre o del Ermitage de Moscú —cosa que me pareció excepcional—, así que apunté que yo debía de tener de esas obras en El Desván. Andaba yo con un pequeño cuaderno tomando notas de todo lo que veía. Así estuvimos unas tres horas hasta que por fin terminé de realizar mi análisis libresco y nos fuimos a la otra biblioteca.

Esta segunda era original. Tenía muchos libros colocados en una mesa central con la portada mirando hacia arriba. Y había sillas por toda la biblioteca de cara a las estanterías como si don Alfabeto (al sospechoso número dos le puse ese nombre porque los libros estaban ordenados por orden alfabético), gustara de pasearse y sentarse a leer los libros mientras los revisaba. Con este tipo de clasificación por letras mi labor se tornaba más complicada. Podía encontrarme *El Poema del Mío Cid* al lado de *Pinte y diviértase*, o *La isla del tesoro* cerca de *Ideas para una cocina más sana*. Pero seguí mi trabajo a pesar de las dificultades y tomaba apuntes cada vez que veía algo interesante. En la biblioteca de Alfabeto estuvimos toda la tarde, y he de reconocer que me retrasé varias veces hojeando un libro de aventuras de cosacos que se llamaba *Taras Bulba*, y es que siempre lo he querido leer pero nunca he tenido el tiempo suficiente.

Se veían muchas novelas de todo tipo, también libros sobre arquitectura y construcción. No faltaban obras de los pensadores griegos: Platón, Herodoto, Aristóteles, Parménides y otros más.

Me llamó la atención que don Alfabeto tuviera muchos libros de cuentos nórdicos, suecos, noruegos y daneses, por lo que supuse que le interesaban esos países y que a lo mejor había viajado alguna vez allí.

Terminada la segunda pesquisa salimos de la casa de don Alfabeto y yo fui a la librería a pensar quién podría ser el ladrón de la llave de la ciudad.
Me sentía Sherlock Holmes cuando saqué mi cuaderno donde anoto mis apuntes y en una hoja describí a los sospechosos.
Escribí esto:

Sospechoso número 1 (Señor Británico). Es:

- Preocupado por el futuro (libros de ciencia ficción).
- Le gusta la investigación científica (libros de ciencia).
- Le gusta saber de todo (tiene varias enciclopedias).
- Le gusta el arte y la pintura (tiene libros de arte).

Sospechoso número 2 (Señor Alfabeto). Es:

- Preocupado por el orden (tiene los libros por orden alfabético).
- Le gusta hojear los libros al azar (tiene listas por toda la biblioteca).
- Le gustan las novelas (tiene muchas).
- Está interesado en la cultura escandinava (cuentos nórdicos).

Y pensé, y pensé dando vueltas alrededor de la librería, hojeando algunos libros y rompiéndome la cabeza para encontrar la respuesta. [...] Esa noche no pegué ojo, y estuve escribiendo nota tras nota en mi cuaderno de trabajo.

A la mañana siguiente el inspector Lupafugaz entró de nuevo en la librería y preguntó:

—Buenos días, señor librero, ¿tiene alguna respuesta?

—Pues creo que sí —respondí—. Ayer estuve pensando mucho sobre el tema y lo primero que se me ocurrió fue: ¿para qué alguien querría la llave de la ciudad? Todos sabemos que las llaves de las ciudades no sirven para nada más que para ser objetos simbólicos. Entonces pensé que el ladrón podía ser el señor Británico porque le gusta mucho el arte, y la llave ciertamente es un objeto de arte. Pero la solución no me convenció del todo así que recordé algo curioso, y quisiera saber si podemos volver a la biblioteca del señor Alfabeto.

El detective Lupafulgente me miró interesado y me llevó nuevamente a la biblioteca del señor Alfabeto. Allí fui a una sección precisa y luego de comprobar algo regresamos a la tienda. Le invité a sentarse en la salita de lectura.

—¿Y bien? —dijo Luparadiante, que estaba ansioso.

—Yo creo que el señor Alfabeto tiene más posibilidades de haber robado la llave. Aunque no sé la razón exacta.

—¿Por qué dice que no tiene la razón exacta? —dijo Lupalborosa, a quien se le desencajó el sombrero quitando su aire misterioso.

—Por lo siguiente: el señor Alfabeto tiene los siguientes libros: *Llaves para la poesía* de Miguel Arteche, *La llave en el desván* de Alejandro Casona, *La llave del cielo* de Luisa Josefina Hernández, *La llave de la puerta* de Alan Sillitoe, *Las llaves del reino* de A. J. Cronin y *Las llaves invisibles* de Rosamel del Valle. Estos nombres los apunté ayer y no fue difícil debido al orden alfabético de esa biblioteca. Y a pesar de que me indicaron una pista no terminaban de convencerme. Podía ser una coincidencia que el sospechoso tuviera tantos libros con la palabra llave, eso sucede en muchas colecciones, aunque ciertamente no pasa en la del señor Británico.

Lo que me dio la clave del asunto es que había un cuadro curioso en la biblioteca, cuadro que acabo de volver a ver en nuestra última visita y que ha confirmado mis sospechas. Se trata de una imagen de Frigga, quien en la mitología escandinava es diosa del cielo y mujer de Odín, el jefe de los dioses. Su símbolo era un manojo de llaves. A esto se suma que el señor Alfabeto posee muchos cuentos escandinavos, así que por eso le pedí regresar para ver si efectivamente era Frigga. Bueno, para resumir, a mi parecer el señor Alfabeto cree que teniendo un manojo de llaves importantes logrará algo. Por eso tiene tantos libros que hablen sobre llaves, y no

me extrañaría que estuviera interesado en coleccionar algunas de verdad.

El detective me miró con los ojos muy abiertos (creo que hasta ese momento no creía que los libros pudieran decir algo de sus propietarios). Después de un breve silencio dijo:

—Muchas gracias, señor librero, sus análisis nos serán de utilidad —y el misterioso Lupasoleada salió de El Desván con paso veloz.

En este extraño caso ciertamente los libros ayudaron. Luego de algunas búsquedas se halló la llave de la ciudad enterrada en el jardín del señor Alfabeto junto con otras llaves famosas. Lupaclara se fue directamente a realizar la pesquisa porque él sabía que don Alfabeto se llamaba Frigoberto y era sueco, con lo cual existían más indicios que abonaban a favor de mi tesis. Claro, no dijo nada en ese momento porque es un tipo misterioso.

La ciudad me regaló una réplica de la llave por mi ayuda en la solución del caso. La puse en una mesa, debajo de la escalera de caracol de El Desván.

Ángel Pérez Martínez, *Memorias secretas de un librero*,
Ed. Palabra, Col. La Mochila de Astor.

La biblioteca escolar

Nos encanta visitar
la biblioteca escolar:
tiene libros a montones
¡y magia por los rincones!
Pasean por todos lados
personajes encantados
y hay en sus estanterías
hechizos y brujerías.
Vive encima de la mesa
Filomena, la princesa,
que, hartita de ceremonia,
se ha ido a explorar la Amazonia.
Cerca del ordenador,
el pirata Nicanor
encuentra un libro precioso.
¿Hay tesoro más valioso?

En la pata de una silla
la bruja de pacotilla
convierte en sapo a un maestro
y encanta a diestro y siniestro.
Brinca y salta el hada Hilaria
junto a la bibliotecaria;
pero como es pequeñita,
no puede con la varita.
Un dragón hecho y derecho
baja volando del techo
y hace una pizza, feliz,
con llamas de su nariz.
En la biblio hay diversión,
aventura y emoción;
y, lectores y lectoras,
¡pasan volando las horas!

Carmen Gil, en www.poemitas.com

La biblioteca imaginaria

Hay un libro que habla solo,
un libro que nadie ha escrito,
un libro con un espejo
y, dentro, un libro distinto.
Hay un libro de aventuras
donde nunca pasa nada,
un libro que inventa cuentos
con una sola palabra.
Hay un libro que se abre
con la llave de un castillo,
un libro para perderse
en medio de un laberinto.
Hay un libro donde el viento
arrastra todas las letras,
un libro con un camino
por donde nadie regresa.
Libros que dicen todo
y libros que se lo callan,
libros donde el mar va y viene
sin salirse de la página.

Juan Carlos Martín Ramos, *Las palabras que se lleva el viento*, Ed. Everest.

Palabras

Ando buscando palabras
para llevarle a mi amigo.
Montoncito de pelusas
que con ramas se han tejido;
lugar tibio con pichones...
Pero mejor, no lo digo.
Ando buscando en la torre
un algo para mi amigo.
Con un vestido de bronce,
badajo, golpe, sonido.
De tañidos puebla el aire...
Pero mejor, no lo digo.
Ando buscando en la noche
algo en luz para mi amigo.
Gotita escasa de luna
que apaga y prende su brillo.
Fugaz destello en la sombra...
Pero mejor, no lo digo.
Pizca de luz y de sones,
y un manojito de trinos,
que alcancen para decirle
las cosas que no le oigo.

María Cristina Ramos Guzmán,
La luna lleva un silencio,
Ed. Anaya, Col. Sopa de Libros.

Fiestas del Libro

Cuando queremos celebrar algo, organizamos una fiesta, es decir, una reunión para manifestar nuestra alegría por aquello, para pasarlo bien. Con fiestas conmemoramos sucesos, con fiestas celebramos los aniversarios del nacimiento, del santo, de una boda... Celebrar una fiesta en honor de alguien es como decirle «me alegro de que existas», «estoy contento porque te he conocido», «me hace feliz estar a tu lado»...

Como los libros son objetos muy queridos por todos nosotros, les hacemos también un homenaje todos los años.

El **23 de abril** celebramos el **Día Internacional del Libro.** Esta fiesta pretende fomentar la lectura, la industria editorial y la protección de la propiedad intelectual. Aunque desde 1926 se celebraba en Barcelona, no fue fiesta internacional hasta que la UNESCO (Organización de las Naciones Unidas para la Educación, la Ciencia y la Cultura) lo acordó en 1995, estableciendo que fuese el 23 de abril de cada año, por ser este día el aniversario de la muerte de dos grandes hombres de las letras: Miguel de Cervantes y William Shakespeare (ambos en 1616). En esta fecha se organizan actividades literarias en todo el mundo, se alienta a descubrir el placer de la lectura y se rinde homenaje a los autores, de todos los países y de todos los tiempos, ya que ellos han contribuido al progreso social y cultural.

Desde 1967 el IBBY (Organización Internacional para el Libro Juvenil) acordó celebrar el **Día del Libro Infantil y Juvenil.** Se eligió el **2 de abril** por ser la fecha del nacimiento del célebre escritor danés Hans Christian Andersen. Con esta fiesta se quiere promocionar la lectura y la difusión de los buenos libros dirigidos a los niños y a los más jóvenes.

Hay otra fiesta dedicada a los libros, el **Día de la Biblioteca.** Es una fiesta que se celebra en España el **24 de octubre** de cada año. Esta fiesta existe desde 1997 y fue promocionada por la Asociación Española de Amigos del Libro Infantil y Juvenil, para hacer ver la importancia de la lectura, especialmente entre los niños y jóvenes, y para agradecer y potenciar la labor de los bibliotecarios y bibliotecarias.

Pregón del Día de la Biblioteca

Érase una vez un viajero que llegó desde un lugar lejano a un pueblo en el que no había libros. Se sentó a descansar en la plaza mayor y sacó de su morral un viejo volumen de cuentos. Cuando empezó a leer en voz alta, los niños, que nunca habían visto nada semejante, se sentaron a su alrededor para escucharlo.

El visitante relató historias que fascinaron a sus oyentes y les hicieron soñar con fantásticas aventuras en reinos maravillosos. Cuando terminó, cerró el libro para volver a guardarlo en su morral. Nadie se percató de que, al hacerlo, escapaban de entre sus páginas algunas palabras sueltas que cayeron al suelo.

El viajero se marchó por donde había venido; tiempo después, los habitantes del pueblo descubrieron el pequeño brote que elevaba sus temblorosas hojitas hacia el sol, en el lugar en el que habían caído las palabras perdidas.

Todos asistieron asombrados al crecimiento de un árbol como no se había visto otro. Cuando llegó la primavera, el árbol exhibió con orgullo unas hermosas flores de pétalos de papel. Y, con los primeros compases del verano, dio fruto por primera vez.

Y sus ramas se cuajaron de libros de todas clases. Libros de aventuras, de misterio, de terror, de historias de tiempos pasados, presentes y futuros. Algunos se atrevieron a coger esos frutos, y había un sabio en el lugar que les enseñó a leer para poder disfrutarlos.

A veces, la brisa soplaba y sacudía las ramas del árbol. Las hojas de los libros se agitaban y dejaban caer nuevas palabras. Y pronto hubo más brotes por todo el pueblo; y en apenas un par de años, los árboles-libro estaban por todas partes.

Se corrió la voz; muchos investigadores, curiosos y turistas pasaron por allí para conocer el lugar donde los libros crecían en los árboles. Los habitantes del pueblo leían sus páginas con fruición, y cuidaban cada brote con gran mimo. Y así iban recogiendo más y más historias con cada nueva cosecha de libros.

Un día, los más sabios del lugar se reunieron y acordaron compartir su tesoro con el resto del mundo. Eligieron a un grupo de jóvenes y los animaron a escoger un libro del primer árbol que había crecido en el pueblo. Después, los enviaron a recorrer los caminos.

Ellos se repartieron por el mundo, buscando un hogar para su preciada carga, y así, con el tiempo, cada uno dejó su libro en una biblioteca diferente.

Y cuenta la historia que allí siguen todavía. Que hay algunas bibliotecas que guardan entre sus estantes un libro especial que deja caer palabras-semilla. Y que, si aterrizan en el lugar adecuado, cada una de esas palabras crecerá hasta convertirse en un árbol que dará como fruto nuevos libros.

Nadie sabe en qué bibliotecas se encuentran estos libros maravillosos. Se desconoce también cuáles, de entre todos sus volúmenes, son los que proceden del pueblo donde los libros crecen en los árboles. Podría ser cualquiera, y podría estar escondido en cualquier rincón de cualquier biblioteca del planeta.

Animaos a entrar en ellas y a explorar sus estanterías, viajeros; porque quizá deis por casualidad con un libro cuyas palabras echen raíces en vuestro corazón y hagan crecer un magnífico árbol de historias cuyas semillas puedan llegar a cambiar el mundo.

¡Feliz Día de la Biblioteca!

Laura Gallego, pregón para el Día de la Biblioteca de 2013.

La pequeña estrella de Navidad

De entre todas las estrellas que brillan en el cielo, siempre había existido una más brillante y bella que las demás. Todos los planetas y estrellas del cielo la contemplaban con admiración, y se preguntaban cuál sería la importante misión que debía cumplir. Y lo mismo hacía la estrella, consciente de su incomparable belleza.

Las dudas se acabaron cuando un grupo de ángeles fue a buscar a la gran estrella:

—Corre. Ha llegado tu momento, el Señor te llama para encargarte una importante misión.

La estrella se llenó de orgullo, se vistió con sus mejores brillos, y se dispuso a seguir a los ángeles que le indicarían el lugar. Brillaba con tal fuerza y belleza, que podía ser vista desde todos los lugares de la tierra, y hasta un grupo de sabios decidió seguirla, sabedores de que debía indicar algo importante.

Durante días la estrella siguió a los ángeles, ansiosa por descubrir cómo sería el lugar que iba a iluminar. Al llegar, los ángeles se pararon y dijeron con gran alegría:

—¡Aquí es!

La estrella no lo podía creer. Allí no había ni palacios, ni castillos, ni mansiones, ni oro ni joyas. Solo un pequeño establo medio abandonado.

—¡Ah, no! ¡Eso no! ¡Yo no puedo desperdiciar mi brillo y mi belleza alumbrando un lugar como este! ¡Yo nací para algo más grande!

Y aunque los ángeles trataron de calmarla, la furia de la estrella creció y creció, y llegó a juntar tanta soberbia y orgullo en su interior, que comenzó a arder. Y se consumió en sí misma, desapareciendo.

¡Menudo problema! Tan solo faltaban unos días para el gran momento, y se habían quedado sin estrella. Los ángeles corrieron al Cielo a contar a Dios lo que había ocurrido. Este, después de meditar durante un momento, les dijo:

—Buscad y llamad a la estrella más pequeña, a la más alegre y sencilla de todas las estrellas que encontréis.

Sorprendidos por el mandato, pero sin dudar porque se fiaban de Dios, los ángeles volaron por los cielos en busca de la más diminuta y alegre de las estrellas. Era una estrella pequeñísima, tan pequeña como un granito de arena. Se sabía tan poca cosa que no daba ninguna importancia a su brillo, y dedicaba todo el tiempo a reír y charlar con otras estrellas que eran más grandes que ella.

Cuando llegó ante el Señor, este le dijo:

—La estrella más perfecta de la creación, la más maravillosa y brillante, me ha fallado por su soberbia. He pensado que tú, la más pequeña y alegre de todas las estrellas, serías la indicada para ocupar su lugar y alumbrar el acontecimiento más importante de la historia: el nacimiento del Niño Dios en Belén.

Tanta emoción llenó a nuestra estrellita, y sintió tanta alegría, que se puso rápidamente en camino tras los ángeles. Pero cuando llegó a Belén, se dio cuenta de que su brillo era insignificante y que, por más que lo intentara, no sería capaz de brillar mucho más que una luciérnaga.

«Pero —pensó—, ¿cómo no lo habré pensado antes de aceptar el encargo? Es totalmente imposible que yo pueda hacerlo tan bien como aquella gran estrella brillante... ¡Si soy la estrella más pequeña de todas! ¡Qué pena! Voy a desaprovechar una ocasión que envidiarían todas las estrellas del mundo...»

Entonces pensó de nuevo «todas las estrellas del mundo...». ¡Seguro que estarían encantadas de participar en algo así! Y sin dudarlo, surcó los cielos con un mensaje para todas sus amigas:

«El 25 de diciembre, a medianoche, quiero compartir con vosotras la mayor gloria que puede haber para una estrella: ¡alumbrar el nacimiento de Dios! Os espero en el pueblecito de Belén, junto a un pequeño establo.»

Y efectivamente, ninguna de las estrellas rechazó tan generosa invitación. Y tantas y tantas estrellas se juntaron, que entre todas formaron la Estrella de Navidad más bella que se haya visto nunca. A nuestra estrellita ni siquiera se la distinguía entre tanto brillo.

Dios, encantado por su excelente servicio y en premio a su humildad y generosidad, convirtió a la pequeña mensajera en una preciosa estrella fugaz, y le dio el don de conceder deseos cada vez que alguien viera su bellísima estela brillar en el cielo.

Adaptación de *La pequeña estrella de Navidad,* Pedro Pablo Sacristán, Ed. Edaf.

Camino a Belén

Va un burrito caminando
paso a paso hacia Belén;
florecillas lo saludan
y él no sabe bien por qué.
En su lomo va María
y a su lado va José;
al pasar algunos días
un niñito ha de nacer.
¡Arre!, ¡arre!, borriquito,
¡arre!, ¡arre!, y llegarás.
Lleva pronto a los viajeros,
ya después descansarás.

Teresita Alvado de Landizábal

Despierta mi Niño

La luna se marcha,
¡despierta, mi Niño!
que ya los pastores
vienen de camino.
Algunos traen frutas,
otros te traen flores,
miel de las abejas,
leche y requesones.
Despierta, que vienen
los tres Reyes Magos
y traen un camello
lleno de regalos.
Despierta, mi Niño,
que están esperando.

Marisol Perales, *A Belén por la autopista,* Ed. Verbum.

El Belén que puso Dios

Teatro de Navidad

Personajes

NARRADOR
ÁNGEL 1
ÁNGEL 2
ORIENTE (estrella)
MARTA, SARA y MATÍAS (pastores)
ZABULÓN (pastorcillo tonto, hijo de Matías)
SALOMÉ (lavandera de la posada)
VIRGEN MARÍA
SAN JOSÉ

(Escenario: a la derecha el portal y encima Oriente, la estrella. Dentro del portal, María con Jesús en sus brazos y José, que tiene cara de preocupación porque no sabe cómo podría hacer una cuna al Niño. A la izquierda está la orilla del río.)

(Aparece Salomé por la derecha. Lleva un cesto de ropa para lavar en el río. En ese momento se oye llorar al Niño y Salomé se asoma al portal.)

SALOMÉ.—*(Sorprendida al ver al Niño.)* ¡Qué niño tan precioso! ¿Cómo se llama? ¿De dónde sois?

MARÍA.—Somos de Nazaret y el niño se llama Jesús.

SALOMÉ.—Así que se llama Jesús... Pues es precioso. ¿Ya te habías dado cuenta, verdad? Claro, tú qué vas a decir... Pero yo nunca había visto una criatura tan bonita... *(Salomé mira alrededor y le dice a María.)* Me voy al río a lavar, puedo llevarme estos pañales sucios... Ha salido el sol, y pronto estarán secos.

(Salomé sale del escenario, hacia la izquierda, con su cestillo de ropa. Detrás de ella va Zabulón con cara de querer contarle algo. A continuación entran, también por la izquierda, los pastores —Marta, Sara y Matías— camino del portal.)

SARA.—¡Mirad, ahí está la estrella de la que nos han hablado los ángeles!

MATÍAS.—¿Dónde está Zabulón?

MARTA.—Se habrá entretenido por el camino, ahora vendrá.

MATÍAS.—Yo creo que nosotros nos hemos equivocado de camino y por eso hemos tardado tanto. Quizá él haya llegado antes.

(Entran en el portal.)

MARTA.—Aquí está el Salvador: «Un Niño envuelto en pañales y reclinado en un pesebre». Pero ¿qué vamos a ofrecerle?

MATÍAS.—*(A la Virgen.)* Con las prisas no hemos pasado por nuestras casas y no os hemos podido traer ningún regalillo... Ahora iremos a buscar algo, ¿qué necesitáis?

MARÍA.—Por ahora no necesitamos nada, ya ha venido Salomé y se ha ofrecido a lavar los pañales del Niño, que era lo más urgente.

SARA.—*(Acercándose a Jesús y haciéndole gracias.)* ¡Qué bonito es el Niño!

JOSÉ.—Pensándolo bien, me gustaría que me trajerais unas maderas para hacerle una cuna como se merece.

MATÍAS.—Ahora mismo. *(Sale corriendo y vuelve con unos palos que entrega a José.)* Toma, aquí tienes. ¿Necesitas ayuda, José?

JOSÉ.—No, muchas gracias.

MARTA.—¿Qué os parece si le cantamos una canción a este Niño tan hermoso?

SARA.—¡Buena idea, Marta!

MARTA, SARA y MATÍAS.—*(Cantando.)*

Alegría, alegría, alegría,
alegría, alegría y placer,
que esta noche nace el Niño
en el portal de Belén.

(Salen los pastores. Mientras el narrador explica lo que está pasando, entran por la izquierda Salomé —que se dirige al río— y Zabulón.)

NARRADOR.—Zabulón, el pastorcito tonto, le ha contado a Salomé que Jesús es el Mesías, el Salvador, y que María es su Madre, ¡la Madre de Dios! La Madre de Jesús, del Salvador, del Hijo de Dios. Salomé piensa que Zabulón es un poco tonto y duda de si será verdad lo que dice; y le pregunta:

SALOMÉ.—Oye, Zabulón, ¿sabes lo que estás diciendo?

ZABULÓN.—Ya sé que soy un poco tonto. Pero ahora no me importa. ¿Te cuento lo que me ha dicho el ángel?

NARRADOR.—Y Zabulón contó a Salomé que un ángel le había dicho que Dios había venido a la tierra para salvarnos…

(Salomé, de rodillas junto al río, lava los pañales con mucha delicadeza y los besa. Zabulón se queda mirando.)

ZABULÓN.—Salomé, ¿qué estás haciendo?

SALOMÉ.—Nada, Zabulón, métete en tus cosas...

ZABULÓN.—¡Estabas besando los pañales, te he visto!

SALOMÉ.—¿Besando...? ¡No te fastidia el tontito este, como te coja te vas a enterar de lo que es bueno!

(Zabulón se va corriendo por la derecha.
Salomé termina de lavar los pañales y se dirige al portal.)

Salomé.—¡Ay, señora María, qué vergüenza! ¿Cómo iba yo a saber que eras la Madre del Mesías?... Y el Niño..., tan normalito, tan dormido... ¡Qué horror! Lo que habrás pensado de mí. Además, ¡eres tan joven!: una chiquilla, reconócelo; y claro, aunque una está acostumbrada a tratar con gente de categoría (ni te cuento los que pasan por la posada en la que trabajo), no es igual; porque ellos se dan importancia, y van estirados, casi ni te miran. Sin embargo tú... Por eso, cuando Zabulón (que hay que ver ese chico, hasta se le ha puesto cara de listo) me ha contado que tú..., ya sabes. Pues no sé si tengo que llamarte Majestad, ni cómo decir lo que quiero decirte... Bueno, pues que aquí están los pañales, y si quieres vuelvo a lavarlos cuando se necesite, o hago lo que mandes; pero de aquí no me voy. Ya está. *(Rompe a llorar.)*

María.—No llores, Salomé, no te preocupes... Muchas gracias por tu ayuda...

José.—Mira, Salomé, aquí estoy fabricando una cuna para Jesús con unas maderas que me ha traído un pastor. ¿Qué te parece?

Salomé.—Buenísima idea, señor José. *(Pensativa.)* El caso es que ya notaba yo algo. Se veía enseguida que erais un matrimonio distinguido. *(A José.)* Tú, tan alto, tan formal, tan señor a pesar de ser tan joven... Porque tú, ¿qué tienes, veinte? No, no me lo digas. *(A María.)* Y tú, María..., por aquí no las hay así tan preciosas como tú. Es que miras con una carita... *(A José.)* ¿Te has fijado, señor José?

María.—¡Salomé, que me pongo colorada!

Salomé.—Ahora tenéis que dormir un poco, el día ha sido muy cansado. María, déjame al Niño, que yo le cuidaré mientras vosotros dormís. [...]

(María deja al Niño en brazos de Salomé, y José y Ella se sientan y duermen.)
(Salomé se pone a hablar con Jesús.)

SALOMÉ.—¡Qué gracioso estás, hijo mío, tan dormidito! Perdona que te llame así, pero se me hace raro tratarte de Majestad. Y más, después de ver cómo ensucias los pañales, verdaderamente no tienes consideración con tu Madre. *(Mirando a María.)* La pobre, fíjate lo cansada que está, y lo bien que duerme... Mañana mismo me pongo de acuerdo con ella y con tu padre, a ver si me puedo quedar. No le pediré mucho, solo con librar dos tardes me conformo, y... ¡Vaya!, ahora abres los ojos. No se te ocurrirá llorar ¿eh? No te preocupes, mi Niño, que yo no me separo de Ti. Así que ahora te ríes, ¿se puede saber qué es lo que te hace tanta gracia? ¡Dios mío, qué les daré yo a los niños, que todos acaban por reírse en cuanto me miran a la cara!

(Los ángeles cantan un villancico mientras el telón va cayendo.

A continuación, sin que lo vean los espectadores, se recompone el escenario: dentro del portal Jesús, María y José. Los pastores arrodillados mirando al portal. También están en la escena Salomé y Zabulón, que se sienta al lado del Niño y le coge la mano con cariño.

Se sube el telón y todos se unen al canto de los ángeles.)

A Belén pastores,
a Belén chiquillos,
que ha nacido el Rey
de los angelillos.

FIN

Readaptación a un solo acto de *El Belén que puso Dios*, Enrique Monasterio, Ed. Palabra.

La adoración de los Reyes

Desde la puesta del sol se oía el canto de los pastores en torno de las hogueras, y desde la puesta del sol, guiados por aquella luz que apareció sobre una colina, caminaban los tres santos Reyes; los tres atravesaban el desierto en la noche, sobre camellos blancos.

Las estrellas brillaban en el cielo, y las piedras preciosas de las coronas reales brillaban en sus frentes. Una brisa suave movía las telas de sus mantos: el de Gaspar era de púrpura de Corinto. El de Melchor era de púrpura de Tiro. El de Baltasar era de púrpura de Menfis.

Criados negros, que caminaban a pie enterrando sus sandalias en la arena, guiaban los camellos.

Ondulaban sueltos los correajes y entre sus flecos de seda temblaban cascabeles de oro.

Los tres Reyes Magos cabalgaban en fila: Baltasar, el egipcio, iba delante, y su larga barba, que descendía sobre el pecho, a veces se extendía sobre los hombros...

Cuando estuvieron a las puertas de la ciudad los camellos se arrodillaron, y los tres Reyes se apearon y se despojaron de las coronas, e hicieron oración sobre la tierra.

Y Baltasar dijo:

—¡Hemos llegado al final de nuestra jornada!...

Y Melchor dijo:

—¡Adoremos al que nació, al Rey de Israel!...

Y Gaspar dijo:

—¡Los ojos le verán y todo será purificado en nosotros!...

Después, volvieron a montar en sus camellos y entraron en la ciudad por la Puerta Romana; y guiados por la estrella llegaron al portal donde había nacido el Niño.

Los criados, como eran idólatras y nada comprendían, llamaron con fuertes voces:

—¡Abrid!... ¡Abrid la puerta a nuestros amos!

Entonces los tres Reyes se inclinaron hacia delante y les decían en voz baja:

—¡Cuidad de no despertar al Niño!

Y aquellos siervos, llenos de temeroso respeto, quedaron mudos, y los camellos permanecían inmóviles ante la puerta y llamaron blandamente con la pezuña. Y aquella puerta, de viejo y oloroso cedro, se abrió sin ruido.

Un hombre de nevada barba asomó en la entrada. Sobre su larga cabellera blanca, brillaba un disco luminoso. Su túnica era azul, bordada de estrellas como el cielo de Arabia en las noches serenas, y el manto era rojo, como el mar de Egipto, y el cayado en que se apoyaba era de oro, florecido en lo alto con tres lirios blancos de plata.

Al verse en su presencia los tres Reyes se inclinaron. Él sonrió con el candor de un niño y, franqueándoles la entrada, dijo con santa alegría:

—¡Pasad!

Y aquellos tres Reyes, que llegaban de Oriente en sus camellos blancos, volvieron a inclinar las frentes coronadas, y arrastrando sus mantos de púrpura y cruzadas las manos sobre el pecho, penetraron en el establo. Sus sandalias bordadas de oro producían un armonioso rumor.

El Niño, que dormía en el pesebre sobre pajas de trigo, sonrió en sueños.

A su lado hallábase la Madre, que lo contemplaba. Sus ropas parecían nubes, sus pendientes parecían de fuego y, como en el lago azul de Genezaret, brillaban en el manto los luceros.

Un ángel tendía sobre la cuna sus alas de luz, y las pestañas del Niño temblaban como mariposas; los tres Reyes se postraron para adorarle, y luego besaron los pies del Niño. Para que no se despertase, con las manos apartaban sus barbas. Después se levantaron, y volviéndose a sus camellos le trajeron sus dones:

Oro, incienso y mirra.

Y Gaspar dijo al ofrecerle el oro:

—Para adorarte venimos de Oriente.

Y Melchor dijo al ofrecerle incienso:

—¡Hemos encontrado al Salvador!

Y Baltasar dijo al ofrecerle la mirra:

—¡Podemos llamarnos bienaventurados entre todos los nacidos!

Y los tres Reyes Magos se despojaron de sus coronas, y las dejaron en el portal a los pies del Niño.

Entonces sus frentes tostadas por el sol y los vientos del desierto se cubrieron de luz; y la huella que había dejado el cerco de pedrería era una corona más bella que sus coronas labradas en Oriente...

Y los tres Reyes Magos repitieron como un cántico:

—¡Este es!... ¡Nosotros hemos visto su estrella!

Después se levantaron para irse, porque ya amanecía.

La campiña de Belén, verde y húmeda, sonreía en la serenidad y paz de la mañana, con las casas dispersas, los emparrados ante las puertas y los molinos lejanos, las montañas azules y la nieve en las cumbres.

Bajo aquel sol amable que lucía sobre los montes, iban —por el camino— las gentes de las aldeas. Un pastor guiaba sus carneros hacia las praderas de Gamalea; mujeres cantando volvían del pozo de Efraín con los cántaros llenos de agua; un viajero cansado conducía la yunta de sus vacas, que se detenían mordisqueando en los vallados; y el humo blanco parecía salir de entre las higueras...

Los criados hicieron que los camellos se arrodillaran, y montaron en ellos los tres Reyes Magos; luego, cabalgaron.

Sin ningún temor regresaban a sus tierras, pero fueron advertidos por el cántico lejano de una vieja y una niña que, sentadas a la puerta de un molino, estaban desgranando espigas de maíz. Y decía así su cantar:

Caminad, santos Reyes,
por caminos desviados,
que por caminos reales
Herodes mandó soldados.

Adaptación del cuento *La adoración de los Reyes*, Ramón del Valle Inclán.

El duende Dondino

El duende Dondino
duendeleteaba
siguiendo la estrella
que a Belén llevaba.
Roja la camisa,
verde el pantalón
y el gorro amarillo
con blanco bordón.
Salta como un gamo,
se asoma al portal,
pero el Niño duerme,
no se puede entrar.
Al ver a María,
el duende Dondino
se quita el sombrero
y saluda muy fino.
San José le dice:
—Pasa, pasa, pasa.
No te dé vergüenza
estás en tu casa.
—Ya despierta el Niño.
—¡Ya te está mirando!
Quédate con Él
duendeleteando.

Marisol Perales, *A Belén por autopista*, Ed. Verbum.

La sonrisa del Niño

Abrió sus ojos el Niño
y en otros ojos se vio.
Al verse tan pequeñito,
el Niño se sonrió.
Es que su madre, la Virgen,
lo miraba con amor
y en sus brillantes pupilas
fue donde el Niño se vio.
Todos los niños del mundo,
lo mismo que el Niño Dios,
sonríen cuando sus madres
los miran llenas de amor.

Publio A. Cordero

La hormiga cojita

Rota la patita,
sin poder andar,
la pobre hormiguita
se puso
a llorar:
—¡A ver cómo voy,
cojita que estoy...!
La oyó un caracol:
—No llore, señora,
la llevo yo...
A ochenta por hora
pasó una tortuga:
—¡Suba, suba, suba...!
Pero un gorrión
la cogió en su pico
y se la llevó...
Así es como fue
la pobre hormiguita cojita
volando a Belén.

José González Estrada

5

Bosque-Verde

—¡Única, despierta!

Única abrió los ojos con sobresalto. El corazón le latía muy deprisa y respiraba con dificultad. [...]

—Era una pesadilla —le explicó una vocecita jovial.

Única se restregó un ojo, se estiró sobre su cama de hierbas y se volvió hacia la pequeña figura que se recortaba contra la luz del exterior en la puerta de su agujero. Reconoció a Fisgón, el gnomo.

—Buenos días, hermosa dama —saludó el hombrecillo, quitándose ceremoniosamente su elegante sombrero y saltando al interior del refugio.

—Fisgón, ¿qué pasa? —preguntó Única, aún algo adormilada—. ¿Es tarde?

—El sol está ya muy alto. Todos estábamos esperándote.

Única se incorporó. Entonces se dio cuenta de que aún sujetaba con fuerza su talismán de la suerte, una flautilla de caña que siempre había llevado colgada al cuello, hasta donde ella podía recordar. La soltó y se apresuró a seguir al gnomo, que ya brincaba hacia la salida.

Única vivía en un agujero al pie del que, según ella, era el árbol más grande de Bosque-Verde. [...]

> Única era la criatura más grande de los seres —Gente Pequeña— que vivían en el bosque. La llamaban la Mediana.

Única parpadeó cuando el sol primaveral le dio en plena cara. Una criatura alada revoloteó hasta ella.

—¡Buenos días, Única! —dijo con voz musical—. Hemos tenido que venir a buscarte y Cascarrabias está muy enfadado.

—Buenos días, Liviana —saludó Única.

El hada se posó con elegancia sobre una flor, batiendo sus delicadas alas, que desprendían un suave polvillo dorado.

Única se puso en pie, escuchando el canto del viento entre los árboles. Aspiró la fresca brisa que mecía sus cabellos rubios y se dispuso a seguir al hada y al gnomo, que ya se alejaban entre los árboles.

No le costó mucho trabajo alcanzarlos, porque era bastante más grande que ellos. Liviana medía unos diez centímetros de estatura, lo cual no estaba mal para su raza. Fisgón alcanzaba los quince; y Cascarrabias, el duende, llegaba a los treinta. Pero Única los superaba a todos: medía nada menos que un metro.

Los gnomos, raza inquieta y viajera, habían recorrido mucho mundo. Algunos de los de Bosque-Verde incluso habían vivido en casas humanas. Fisgón decía que los humanos eran más grandes que Única, y que los únicos Medianos que conocían los gnomos eran los barbudos enanos de la Cordillera Gris.

Pero Única tampoco se parecía a ellos. Era delgada, de brazos largos y grandes ojos violetas. Su piel era de un pálido color azulado, y su cabello era rubio, fino y lacio, y le caía sobre los hombros enmarcándole el rostro.

Única era diferente a todos los habitantes de Bosque-Verde. Los duendes la habían encontrado cuando era muy niña y la criaron hasta que fue demasiado grande como para caber en sus casas. La Abuela Duende, a quien todos querían y respetaban en Bosque-Verde, mirándola fijamente, le había dicho:

—Tú no eres de aquí, niña.

Única había buscado sus orígenes en las diferentes razas de Bosque-Verde, pero no había tenido suerte, y había abandonado su búsqueda mucho tiempo atrás.

—¿Qué te pasa, Única? —le preguntó Liviana al verla cabizbaja y meditabunda—. Te veo triste.

—Hoy he tenido un sueño —explicó Única—. He soñado con gente que vivía en una isla de color blanco en medio del mar.

Fisgón abría la marcha, pero tenía un oído muy fino y enseguida se volvió para preguntar:

—¿Y eran como tú?

—No del todo. Tenían alas.

—Entonces has soñado con las hadas —dedujo Liviana.

—Pero no eran alas como las tuyas. Eran alas de pájaro, con plumas blancas. Además, tenían la piel pálida.

—En cualquier caso —añadió el gnomo, saltando por entre las plantas—, tú no puedes venir de una isla, porque no hay mar en Bosque-Verde.

—¿Qué es el mar? —preguntó Liviana.

—Es... un... como un lago muy grande, inmenso, tan enorme que no se ve la otra orilla —le aclaró Fisgón.

—Y, si tus parientes están en esa isla —razonó Liviana—, ¿por qué estás tú aquí, y por qué no tienes alas?

—Pasó algo —fue lo único que pudo decir Única.

—¿El qué? —quiso saber Fisgón.

Única frunció el ceño, haciendo memoria: un trueno, rojo sobre blanco... después, sacudió la cabeza desalentada. No recordaba más.

Los tres llegaban en aquel momento a un claro donde los esperaba, con cara de pocos amigos, una criatura rechoncha y de gran nariz. A la vista estaba que se encontraba de muy mal humor aquella mañana; sus ojillos negros echaban chispas por debajo de los cabellos oscuros que se escapaban del gorro. [...]

—Lo siento, Cascarrabias —murmuró Única humildemente—. Me he dormido.

Cascarrabias era incapaz de estar enfadado con Única durante mucho tiempo (y eso que los duendes tienen muy malas pulgas) porque se habían criado juntos y él la quería como a una hermana pequeña. Así que no gruñó más.

—Única ha tenido una pesadilla —explicó Liviana.

Cascarrabias miró a Única, y después a Fisgón.

—Única casi nunca tiene pesadillas —dijo, y miró al gnomo amenazadoramente—. ¡Seguro que ha sido culpa tuya, Fisgón! Tú nos llevaste ayer cerca del terrible lugar donde no cantan los pájaros. [...]

—No me gusta la idea —intervino Única— de que haya un sitio donde no canten los pájaros... Pero no es la primera vez que nos acercamos... y siempre que lo hemos hecho he tenido el mismo sueño.

—¡Ajá! —exclamó Fisgón antes de que Cascarrabias abriera la boca—. ¿Lo ves? ¡Quizá ese lugar esté encantado! ¡Quizá Única proceda de allí! ¡Quizá...!

—¡Cierra la boca!

—¡Ooh, vamos a verlo, vamos a verlo, vamos a verlooo!

Una dulcísima música interrumpió (para alivio de Cascarrabias) el nervioso parloteo del gnomo. Era Única, que tocaba con su flauta una de tantas melodías que ella había inventado.

La música ascendió entre los troncos de los árboles y se perdió en la floresta.

La música alivió los corazones de todos y se llevó los malos pensamientos. La música los envolvió a los cuatro y los acunó con ternura, como una madre mece a sus hijos.

Cuando Única dejó de tocar, se produjo un breve silencio. Entonces, Fisgón dijo en voz baja:

—¿Qué puede pasarnos? Los trasgos duermen de día y los trolls se convierten en piedra si los toca la luz del sol.

—Yo quiero ir a ver —dijo entonces Única.

Cascarrabias miró a Liviana, pero ella se encogió de hombros.

—Está bien —dijo por fin.

Fisgón dio un formidable brinco.

Poco después, los cuatro caminaban a través del bosque. Única tarareaba una canción sin palabras, y Cascarrabias se entretenía cogiendo bayas y frutos para la comida.

—Debemos de estar ya cerca —anunció el gnomo, que iba delante.

Liviana jugaba con una mariposa que quería demostrarle que volaba más rápido que ella.

—No falta mucho, ¿verdad? —preguntó Cascarrabias alcanzándolos sudoroso, arrastrando un saco lleno de bayas.

Única negó con la cabeza, sin dejar de cantar. El duende hizo un alto; dejó el saco en el suelo y se pasó su mano de cuatro dedos por la frente. Entonces reparó en algo.

—¿Dónde se ha metido Fisgón?

Liviana dejó en paz a la mariposa, y afirmó:

—Estaba aquí hace un momento.

—¡¡Fisgoooón!! —gritó Cascarrabias, y su voz grave resonó por entre los árboles; pero se calló enseguida, intimidado.

—No se oye nada —hizo notar Única, estremeciéndose–. Esto no me gusta.

Ninguno de los tres habló; Única habría asegurado que no oía ni los latidos de su corazón, y eso que estaba convencida de que palpitaba con fuerza.

De pronto hubo un movimiento entre el follaje... y apareció el gnomo, triunfante.

—¡Oh, amigos, esto es increíble! —empezó rápidamente, antes de que Cascarrabias tuviera tiempo de reñirle—. ¿Cómo no hemos venido antes por aquí? ¡Hay una ciudad, una ciudad grande, de casas grandes...!

—¿Una ciudad humana? —preguntó Liviana, temblando.

—¡Yo me voy! —declaró el duende, dando media vuelta.

—¡No, espera! —Fisgón lo agarró por el cuello—. No es una ciudad humana; es una ciudad de Medianos.

—¡Medianos! —repitió Liviana, a la par que Única ahogaba un grito—. ¿La gente de Única? ¿Hemos encontrado a la gente de Única?

—Eh... no exactamente...

Pero Única ya corría entre los arbustos.

—¡Espera, Única! —la llamó Fisgón.

Ella no escuchaba. Corría hacia la ciudad de los Medianos mientras su vestido de hojas secas se enredaba con las ramas del follaje, y su flautilla saltaba rítmicamente sobre su pecho.

Entonces, en su precipitación, no se dio cuenta de que el suelo se inclinaba bajo sus pies descalzos, y resbaló por un talud cubierto de musgo. Rodó y rodó, hasta que dio con sus huesos en un colchón de mullida hierba.

Se incorporó como pudo, algo dolorida. Se colocó bien la corona de flores que llevaba en el pelo y comprobó que no tenía ninguna herida.

Entonces miró hacia adelante y el corazón le dio un brinco. Vio la Ciudad de los Medianos. Los edificios estaban hechos de un material que Única no había visto nunca. Los tonos de las casas eran blancos y azules, y a Única le resultó una ciudad completamente diferente a las que había visto hasta entonces.

—Ondas —murmuró para sí misma.

Sí; los edificios apenas tenían líneas rectas, sino suaves curvas. Arcos, cúpulas, bóvedas y paredes ligeramente abombadas.

—¿Cómo puede una ciudad ser tan diferente de Bosque-Verde y, sin embargo, encajar tan bien en él? —se preguntó Única, perpleja.

Se levantó y caminó hacia las construcciones azules y blancas. Sentía cierta sensación de familiaridad hacia ellas, una sensación que había aparecido nada más ver las suaves cúpulas.

—Estoy en casa —dijo, al advertir que las puertas eran de su tamaño.

Corrió hacia la ciudad, pero se detuvo a pocos metros de las primeras casas.

Única aferró con fuerza su flauta al darse cuenta de lo que pasaba allí: era una ciudad abandonada. No había absolutamente nadie. El silencio lo llenaba todo.

Observando con atención, pudo darse cuenta de que la vegetación había invadido la ciudad; las enredaderas trepaban por las blancas paredes, algunas ya resquebrajadas. Allá un arco se había derrumbado, aquí una bóveda amenazaba ruina... El poblado parecía una tumba.

Única inspiró profundamente y chilló con todas sus fuerzas:

—¡¡¿A dónde habéis ido?!!, ¡¡¿Dónde estáis?!!

Nada ni nadie le respondió. Única se llevó la flauta a los labios, pero su música parecía sonar más débil que nunca... Echó a correr entre las casas; tenía la extraña sensación de que huía de algo, pero no sabía de qué.

Laura Gallego, *Retorno a la Isla Blanca*, Ed. Brief.

Fiesta en Fantasía

Hay fiesta en Fantasía
junto al barranco.
Van todos ese día
de punta en blanco.
Lleva el ogro chistera
y va el dragón
con blusa de chorrera
color marrón.

Van vestidas las hadas
de lentejuelas,
con prendas heredadas
de sus abuelas.
¡Qué algarabía!
Todos de punta en blanco
en Fantasía.

Carmen Gil,
Versos de cuento, Ed. SM.

País de la Fantasía

País de la Fantasía
donde todo es ilusión,
donde los caballos vuelan
como nubes de algodón.

Personajes de mil cuentos
viven en su capital,
no hay fronteras y en su entrada
pone:
¡Solo hace falta soñar!

Carmen Martín Anguita, *Poemas de lunas y colores*, Ed. Pearson.

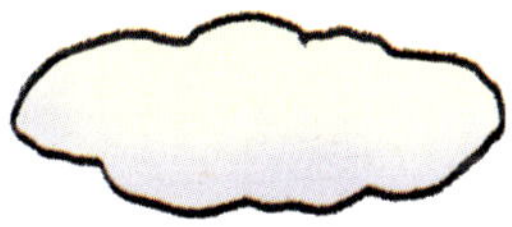

Sueños compartidos

Al llegar la noche,
antes de acostarme,
pregunto a mi madre
si puede ayudarme:
—Dime, mamá,
¿qué puedo soñar?
—Sueña con sirenas
saltando en el mar.
Que eres un pirata
con parche en el ojo
que con su fragata
navega a su antojo.
Buscando un tesoro,
empuña su espada,
soñando despierto
con ver a su amada.

Sueña con la selva,
húmeda y tupida,
verde, intransitable,
cálida, tranquila.
Cabalga en el lomo
de un león enorme,
persigue a la luna
hasta el horizonte.
Cuélgate en las ramas
de un árbol frondoso,
cena con los monos
plátanos sabrosos.
Baila con las focas,
patina en el hielo,
los osos polares
ahuyentan tus miedos.

Selección de estrofas de *El Príncipe Z*, Juan Guinea Díaz, A Fortiori Editorial.

La magia de los libros

Teatro

Personajes

ABUELA
LUIS
PERRO
GATO
PÁJARO
CONEJO
GALLO
BURRO

(Escenario: una casa de fondo, el gato tumbado en la puerta, un árbol a la derecha, una silla a la izquierda y un cesto con verduras junto a ella, el burro junto al árbol sentado sobre los pies y las manos delante, en el suelo. El perro corre dando saltos entre todos perseguido por el niño con el que juega. La abuela sale de la casa y se sienta en la silla.)

ABUELA.—Luis, ven, tengo un regalo para ti.

LUIS.—¿Qué es lo que me vas a regalar, abuela?

NARRADOR.—El niño sigue corriendo tras el perro, este al pasar junto al gato le da un golpe en la cabeza por lo que el gato le devuelve el golpe.

ABUELA.—Un libro precioso que te va a encantar. *(El niño se para mirando a la abuela.)*

LUIS.—No quiero leer ahora, estoy jugando con Kuko.

ABUELA.—Este libro es de animales. Tiene unas imágenes preciosas en las que verás animales desconocidos, y te enterarás de dónde viven, qué comen y los peligros a los que se enfrentan. Estoy segura de que te va a gustar.

LUIS.—Está bien, abuela, lo miraré.

NARRADOR.—La abuela se levanta y entra en la casa, el niño se sienta en la silla y comienza a ojear el libro, el perro se tumba junto al burro. Todos miran al niño. Al principio el niño ojea con rapidez el libro. De pronto vuelve a comenzar la lectura por la página primera y lee con mucha atención.

PERRO.—No me gustan los libros —le dice al burro—. ¿Ves? Ya no nos presta atención, ¡qué fastidio!

BURRO.—Pues a mí me gustaría saber leer pero como soy un burro no hay quien me enseñe.

PERRO.—¿Y qué ibas a aprender tú de un simple libro?, lo que necesitas saber ya lo tienes aprendido, trabajar, trabajar y hacer el burro.

BURRO.—Pues me gustaría saber leer.

NARRADOR.—El gato se levanta y se vuelve a tumbar junto al perro y el burro.

GATO.—Pues yo pienso que leer debe ser muy cansado y no quiero aprender porque mi pereza no me lo permite, es cansado hasta cazar ratones.

BURRO.—Y tú, ¿cuándo cazas ratones?, jamás te he visto perseguir a ninguno, solo refunfuñas cuando pasan por tu lado.

PERRO.—Soy yo quien los persigue para que la abuela no se enfade con el gato.

GATO.—Te doy las gracias por ello pero es que los ratones huelen tan mal... ufff... *(El gato sacude su cuerpo.)*

NARRADOR.—Llega un pájaro con precaución y se sorprende que el niño no se levante para correr detrás de él intentando agarrarlo.

PÁJARO.—¿Qué le ocurre a Luis que no me ha visto llegar?

GATO.—Está leyendo.

PÁJARO.—¿Eso qué es?

PERRO.—Un entretenimiento que lo tiene alucinado.

BURRO.—El libro le está contando cosas maravillosas de la vida de los animales.

PÁJARO.—¿Es que no sabe cómo vivimos?

GATO.—Nuestra vida sí, pero no la de los animales desconocidos que su abuela dice que le cuenta el libro.

PÁJARO.—¿Es que hay animales desconocidos?, voy a mirar un poco a ver si me entero.

NARRADOR.—El pájaro se desplaza y mira por encima del hombro de Luis.

PÁJARO.—¡Oh! ¡Oh! ¡Ohhh!

ABUELA.—Luis, vamos a comer, luego continúas.

LUIS.—Ya voy, abuela.

NARRADOR.—El niño se levanta y entra en la casa dejando el libro en la silla.

PERRO.—Tenemos que hacer desaparecer ese libro que es nuestra ruina.

GATO.—A mí no me liéis. ¿Y si Luis se enfada?

BURRO.—Lo haré yo, para eso soy el burro y sabe que el libro no me interesa.

NARRADOR.—El burro toma el libro, lo esconde bajo la cesta de las verduras y vuelve corriendo a su sitio. El niño sale de nuevo y se sorprende al no encontrar el libro.

LUIS.—Abuela, el libro no está aquí.

ABUELA.—*(Desde dentro de la casa.)* Lo habrás traído cuando viniste a comer.

LUIS.—No, lo dejé en la silla y ahora no está. *(Triste, se pone a llorar y entra en la casa.)*

NARRADOR.—Un conejo aparece cerca de la cesta de verduras para robar zanahorias, con la prisa el canasto se cae y ve el libro.

CONEJO.—¿Qué es esto? Un libro y parece interesante... La vida de los animales, ¡qué guay!

NARRADOR.—El conejo saca el libro y se sienta a leer. Los otros animales se sorprenden y dicen admirados: «¡Un conejo que sabe leer!». Pero el conejo no hace caso y comienza a comentar lo que lee en el libro.

CONEJO.—Los animales son seres vivos.

PERRO.—Vaya novedad, eso ya lo sabemos, no es necesario leerlo en un libro.

CONEJO.—El hombre también es un animal.

BURRO.—*(Alzando las patas delanteras.)* ¡No!, eso no es posible, el hombre es el hombre, ¿cómo va a ser un animal si no sabe caminar a cuatro patas?

CONEJO.—Esa no es una razón.

NARRADOR.—Los animales empiezan una discusión sobre el hombre y después sobre pájaros y... Cada cual siente curiosidad por su especie y se interrumpen unos a otros con preguntas.

PERRO.—¿Todo eso está escrito en el libro?

CONEJO.—Sí, y podemos ver las fotos, son preciosas.

BURRO.—Oye, conejo, si ese libro tiene noticias de conejos y perros es posible que también hable de burros.

CONEJO.—Pues claro, escucha. Burro o asno significa «caballo pequeño», desciende de los asnos salvajes de África, fue domesticado por los egipcios hace 6.000 años. También es un burro el medio de transporte de Sancho Panza en la obra literaria *D. Quijote de la Mancha* y burro es el protagonista de *Platero y yo* de Juan Ramón Jiménez y Burro es uno de los personajes de la película de animación *Shrek*, y…

BURRO.—Qué guay, y yo que creí que no tenía historia, a partir de ahora me llamaréis señor Burro.

GATO.—¡Cielo santo!, qué cansino es este burro. Ahora, ¡callaos!, necesito saber qué cuenta ese libro de los gatos.

CONEJO.—Voy a buscar… *(pasando varias hojas)* Ya lo tengo. El gato…

NARRADOR.—Conejo sigue leyendo pero el alboroto de todos le hace decir:

CONEJO.—Un poco de silencio, por favor, voy a buscar…

BURRO.—Os pido un favor, dejemos el libro en la silla para que lo encuentre Luis. Los libros son maravillosos y enseñan muchas cosas, Luis lo necesita.

LUIS.—*(Desde la casa.)* Abuela, me voy a jugar.

ABUELA.—Vale, pero sigue buscando el libro.

LUIS.—*(Llegando a la silla.)* ¡Abuela!, lo he encontrado, estaba en la silla, voy a seguir leyendo.

NARRADOR.—El niño se sienta, abre el libro y comienza a leer. Los animales corren y se colocan detrás del niño, miran todos con mucha atención, no saben leer pero las fotografías les sorprenden y les muestran la diversidad de cosas que se pueden aprender en un libro. El gallo desde el tejado canta ¡quiquiriquí!

SE CIERRA EL TELÓN

María Lourdes García Jiménez, *La magia de los libros*, en www.doslourdes.net/la-magia-de-los-libros.htm//

6

El duende de la ñ

Don Leopoldo es miembro de la Real Academia de la Lengua y su trabajo consiste en velar por el buen uso del idioma. En la Academia ocupa el sillón de la letra ñ, y siente por esta letra una predilección especial. [...]

El académico tenía una hija, Matilde. Era médica y estaba casada con Andrés, que también era médico; tenían un hijo, Carlos, de nueve años, y todos vivían con él en una casa grande no lejos de la Academia. [...]

Idoia era la ayudante de don Leopoldo, contratada por la Real Academia como programadora informática, y pasaba muchas horas con él en casa, trabajando en su despacho. La primera vez que estuvo allí, don Leopoldo le presentó a su nieto. [...]

Idoia sentía por el académico un gran respeto. Solía decir que era un sabio, a quien admiraba mucho por su conocimiento de la Lengua y del uso que los hablantes hacen del idioma. Estaba contenta de ser su ayudante y de colaborar en sus proyectos y trabajos. [...] Ella no sabe que en la Real Academia hay un duende.

[...] También trabaja en la casa Ana, que es de Perú. Cuida de la casa y atiende a toda la familia. [...]

Cuando Carlos le daba las buenas noches a su abuelo, este le contaba cosas interesantes. Una de esas noches, hace tiempo, el abuelo le preguntó:

—¿Crees en los duendes?

—Depende —dijo Carlos.

Don Leopoldo lo miró por encima de los lentes. Los cristales de sus gafas eran tan estrechos que parecían la mitad del cristal:

—¿De qué depende?

—Depende del duende —respondió Carlos. [...]

—Tu respuesta se presta a confusión, es un lío, un galimatías. ¿Crees o no crees en los duendes? Porque, vamos a ver, ¿qué es un duende? A ver cómo lo define el diccionario.

La palabra «duende» venía en el diccionario y decía:

Duende. Espíritu fantástico que habita en algunas casas. Son traviesos y causan trastornos. Pueden aparecer con distintas figuras.

—Bien —continuó su abuelo—, ¿crees o no crees en los espíritus fantásticos y traviesos que habitan en algunas casas y causan trastornos?

—Sí —respondió Carlos.

—Pues en la Real Academia tenemos uno: el duende de la ñ. Eso dice la bibliotecaria, Margarita. Según ella, cuando alguien abre el viejo libro de la Ñ, uno de los veinticuatro grandes libros que se guardan en el sótano, siempre ocurre algo extraño. ¿Qué te parece?

Carlos se quedó tan... sorprendido y... fascinado que no supo qué responder. En la Real Academia, donde trabajaba su abuelo, había un duende. Por lo visto, sí. En un escondido sótano donde se guardaban veinticuatro libros antiguos de tamaño gigante, que correspondían a cada una de las letras del alfabeto.

El libro de la letra A. El libro de la letra B. El libro de la letra C... Y al parecer, según Margarita, cuando alguien abría el libro de la Ñ, sucedían cosas extrañas porque allí debía de esconderse algún duende: el duende de la ñ.

—¿Hace travesuras? —le preguntó a su abuelo.

—Claro. Son traviesos y causan trastornos. Admito que este duende duerme mucho y es silencioso; es el duende del sueño. Recuerda que sueño se escribe con ñ. Sin embargo, ya te he dicho que la Academia... Humnn, han ocurrido cosas bastante extrañas. A Margarita, la bibliotecaria, una vez le desaparecieron los guantes. Los buscó inútilmente, y ella asegura que los dejó encima de la mesa. Lo más curioso es que aparecieron al cabo de unas semanas. Miró en un cajón y allí estaban con una sorpresa dentro: un anillo de oro. ¡Hay que ver! Los duendes son generosos. Margarita conserva el anillo. Por cierto, que nunca se lo quita, dice que no puede sacarlo de su dedo.

Carlos conoció a Margarita la primera vez que fue a la Academia. Su abuelo se la presentó, y pudo ver con sus propios ojos el anillo que el duende le había regalado.

Atenazado por el dolor, di un tirón muy fuerte, y me zafé y seguí corriendo como alma que persigue el demonio. Ya estaba otra vez detrás del dragón y le clavé la espada en el otro talón, con tanta fuerza que casi llega hasta la empuñadura. Al dragón no le gustó mucho aquello y se enfadó un poco más. De su boca ya no salía fuego sino lava incandescente. Sus ojos despedían rayos rojos que podían haber partido el Titanic con más eficacia que el iceberg. Sus afiladas garras giraban soltando chispas. Parecía el escenario de una película de ciencia ficción. Con los dos talones heridos, el dragón no se pudo tener en pie y cayó de rodillas. En ese instante la Espada de Luz brilló entre mis manos y, haciendo un giro imposible, descargó sobre el cuello del dragón un sablazo de tal magnitud que la cabeza se desprendió. No salió sangre, ni humo, ni nada de lo esperable. Del cuello seccionado emergió una gigantesca serpiente. Y creció lentamente elevándose entre los árboles. Yo me agarré con fuerza a su cuello y ascendí con ella. No quería mirar abajo porque sentía que la altura era cada vez mayor y me exponía a desmayarme debido al vértigo que tengo. Subía, subía, subía… hasta que llegó a la copa de los árboles. Allí estaba el nido, y en su interior: ¡el Caldero! El Caldero que Todo lo Cuece y Todo lo Sabe.

No lo pensé dos veces. Di un salto y caí en el nido. Oí que algo caía detrás de mí. Era Pachurri, mi perro. [...] Lo habíamos conseguido.

El Caldero los llevó a su casa, donde fueron recibidos con alegría por sus padres y hermanos. A partir de ese momento desapareció la miseria porque el Caldero proporcionaba todo lo que se le pedía.

Juan Pedro Romero, *Juanolo y el Caldero de Oro*,
Ed. Palabra, Col. La Mochila de Astor.

Era un dragón blanco

Era un dragón blanco
con alas de plata,
con uñas de cobre
y lengua escarlata.

Vivía en una cueva,
guardaba un tesoro:
era un solitario
rodeado de oro.

Un día un caballero
al bosque llegó.
Buscaba el tesoro
del blanco dragón.

Al verlo en la cueva
la espada sacó
y quiso clavarla
en su corazón.

Mas el dragón blanco,
levantando el vuelo,
le dejó el tesoro
a aquel caballero.

Yo ya estoy cansado
de cuidar el oro,
de ser solitario,
¡es tuyo el tesoro!

Y aquel dragón blanco,
de alas de plata,
de uñas de cobre
y lengua escarlata,
se marchó volando
en busca de amor,
por cielos azules
y el cuento acabó.

María García Esperón

Mi dragón

Tengo un dragón escondido
debajo de mi almohada
con el que juego de noche,
acurrucado en la cama.

Es un dragón chiquitito,
apenas mide una cuarta,
pero tiene unos colmillos
afilados como espadas.

Mira con sus grandes ojos,
encendidos como el fuego,
y su larga cola llega
desde la cama hasta el suelo.

Me gusta jugar con él
a imaginar aventuras
en las que gana el dragón
al héroe de la armadura.

Cuando mi dragón sea grande
yo le abriré la ventana
para que pueda volar
y llevarme a sus espaldas.

Juan Guinea Díaz

Simona y la momia del museo

Hoy va Simona Molona
al cole la mar de mona.
Van a hacer una excursión
al museo. ¡Qué emoción!

Después de mucho meneo
llegan por fin al museo
y ven en varios salones
estatuas de faraones.

También adornos dorados,
jeroglíficos, grabados,
un dios con fauces y cola
y una momia un poco sola.

Lleva tres mil años quieta
y el sarcófago le aprieta.
Tiene los brazos dormidos,
los músculos entumidos...

Simona, como es tan buena,
casi se muere de pena
al verla tan aburrida,
y decide darle vida.

Se tira de las orejas,
baja y levanta las cejas,
saca la lengua y después
cuenta en voz alta hasta tres.

Llegó el fin de su quietud.
La momia, de su ataúd,
sale loca de alegría
y anda por la galería.

Asustados, los chiquillos,
cuando ven por los pasillos
a momia tan espantosa,
ponen pies en polvorosa.

Carmen Gil, en www.poemitas.com

La dragona coqueta

Va la dragona
siempre muy mona,
con un equipo
que quita el hipo.
Lleva una estola.
Luce en la cola
lazo gigante
muy elegante.
Con traje rosa,
está preciosa.
Unos pendientes
pero corrientes.
¡Dos regaderas!
También pulseras
hechas con flores
de mil colores.
Requeteguapa,
estrena capa
de color guinda
¡y va tan linda!

Carmen Gil, *Versos de cuento*, Ed. SM.

La momia Regina

Mi hermano y yo estábamos pasando una temporada con el tío Ambrosio —hermano de mi padre— en la Casa Vieja, una casona grande y destartalada donde habían vivido los abuelos y sus hijos.

Aquella noche, inmediatamente después de la cena, oímos desde la cocina un ruidito que probablemente provenía de la dichosa habitación italiana. Los tres nos miramos, asombrados. El sonido, que parecía producido por un objeto que cae al suelo, había sido una especie de golpe seco. Pero en aquella habitación no había gente, no existía vida. De allí, razonablemente, no podían llegar ruidos.

—Qué extraño —dijo Luis.

—No habrá sido nada —opinó tío Ambrosio, tratando de quitar importancia al asunto.

—Por si acaso —dije yo—, voy a echar un vistazo.

—Te acompañaré —ofreció mi hermano, mucho más animosamente de lo que yo esperaba.

No puede decirse que por aquel entonces nosotros tuviésemos un miedo especial. Pero el recorrido por la noche del interminable pasillo que daba a la habitación italiana y al contiguo despacho —piezas ambas eternamente silenciosas y deshabitadas— nunca había resultado tranquilizador.

Lo malo que tenía aquel condenado pasillo, aparte de la oscuridad siempre reinante en él, eran los cuartos. Eran varios los cuartos que se abrían al pasillo, como bocas amenazadoras, con puertas eternamente abiertas. La casa entera estaba llena de habitaciones desocupadas, vacías, con muebles absurdos que nadie recordaba por quién y en qué tiempo habían sido usados. Y parecía, cuando uno recorría el inacabable pasillo, que de aquellas bocas negras que se abrían a uno y otro lado podían emerger manos, manos que te agarrasen... Y así, la travesía se desarrollaba de una forma totalmente contradictoria. Por un lado, ibas despacio para vigilarlo todo, para controlarlo todo. Pero, por otra parte, tenías que darte prisa para evitar esas manos que podían surgir en cualquier momento y de cualquier habitación...

Nos pusimos en marcha mi hermano y yo. El pasillo, cosa curiosa, no tenía luz eléctrica hasta el término del mismo. O sea que encendías la luz cuando ya habías pasado todo el miedo del mundo y cuando ya sabías que no te había sucedido nada. Y aquello garantizaba, por otra parte, un regreso a la zona habitada de la casa igualmente lleno de zozobra, puesto que antes de partir de la habitación italiana e iniciar la marcha de vuelta tenías que accionar el interruptor y dejar todo, de nuevo, en la oscuridad.

Llegamos al término del pasillo y encendimos la luz. Tío Ambrosio no nos había acompañado, pero se había quedado asomado a la puerta de la cocina como si quisiese inspeccionar desde lejos nuestra marcha. Ahora, antes aún de que hubiésemos penetrado en la habitación, nos preguntaba desde allí:

—¿Hay algo raro?

Encendimos la habitación.

—Sí, hay algo extraño —gritó Luis.

—¿Qué dices? —le pregunté—. Yo no veo nada que...

—Mira en el suelo.

Era verdad. En el suelo estaba caído un enorme libro, abierto por la mitad y con el lomo mirando hacia arriba.

—Ese libro —dijo Luis muy serio— no estaba aquí antes.

—No puede ser —dije. Me acerqué al libro y lo levanté del suelo—. Mira el título: *La historia de la momia Regina*... Has debido de traerlo, sin darte cuenta, de la casa de al lado.

Pero mi hermano lo negó con la cabeza.

—¿Cómo no me iba a dar cuenta de eso? No lo he traído yo.

—Pero, como comprenderás, el libro no ha venido solo desde la otra casa.

¿Había algo inquietante esa noche en la habitación italiana, o era simplemente que el misterio de aquel libro nos estaba poniendo nerviosos? Lo cierto fue que no quisimos permanecer allí más tiempo. Apagamos la luz del pasillo y, esta vez un poco más velozmente que en el trayecto de ida, regresamos a la parte habitada de la casa, a la cocina, al cuarto de mi tío, a nuestro propio cuarto. Y llevábamos con nosotros el misterioso libro.

—¿Qué es eso? —preguntó tío Ambrosio.

—Es el libro del que antes le hemos hablado...

—¿El que encontrasteis en la casa de al lado? No sabía que lo habíais traído.

—No lo hemos traído —dijo Luis, tranquilamente—. Sencillamente, ha aparecido en la habitación italiana.

Lo abrimos, situándolo sobre la mesa y bajo la fuerte luz que reinaba en la cocina, nos inclinamos sobre él. Lo primero que vimos fue una momia de expresión desagradable que parecía mirarnos con fijeza desde la lámina. Todo el libro estaba escrito en inglés, pero encontramos en su interior una hoja de papel escrita a máquina, en la que ponía lo siguiente:

«Momia Regina. Fue hallada en el sepulcro de Ramsés I en Biban-el-Moluk y trasladada posteriormente a Inglaterra, adonde nunca habría de llegar. Al atravesar el Canal de la Mancha, una tormenta hizo zozobrar la embarcación y se perdieron diversos tesoros egipcios, entre ellos la momia Regina.»

—Sepultada en el mar —suspiró tío Ambrosio, a quien aquel libro de la momia parecía haber interesado vivamente—. No deja de ser un consuelo...

—¿Por qué lo dice? —pregunté.

—Fijaos en la cara que tiene. Es para asustar a cualquiera... La verdad es que no me gustaría encontrarme con ella una noche en el fondo del pasillo, por ejemplo.

—¿A qué pasillo se refiere usted? —preguntó Luis.

—Pues, al de esta casa...

—Por favor, tío Ambrosio —dijo mi hermano, espeluznado—. No debía usted haber dicho semejante cosa.

Tío Ambrosio le miró.

—¿Por qué no?

—Porque a partir de ahora —explicó mi hermano— siempre me acordaré de la momia Regina cuando atraviese este pasillo.

—Qué tontería —dijo tío Ambrosio.

Fue así como en realidad nació entre nosotros la momia Regina.

Inesperadamente, mis padres llegaron de Bilbao, y lo hacían acompañados por una chica de mi edad, a quien no habíamos visto jamás, y que nos fue presentada como nuestra prima Romana. Al parecer, Romana era una prima bastante remota, de esas que cuando hay que explicar el parentesco que nos une a ella es preciso buscar una complicada serie de conexiones no siempre fáciles de recordar. Era una muchacha muy morena y bastante bonita.

Estábamos cenando en la cocina, y, no sé muy bien cómo, había sonado el nombre de la momia Regina. Creo que fue tío Ambrosio el que la había sacado a colación. Sí, fue así: mi padre había preguntado a su hermano si nosotros dos, sus hijos, nos aburríamos en la Casa Vieja. Y tío Ambrosio había contestado algo así como...

—¿Aburrirse, dices? Creo que lo pasan bastante bien aquí. Se entretienen con cualquier cosa, y yo de vez en cuando hasta juego con ellos. Ahora, precisamente, nos estamos inventando el juego de la momia Regina...

—¿La momia Regina? —dijo mi padre.

—Sí, la momia Regina. ¿La conoces? —le preguntó Luis.

—Pues naturalmente que conozco su historia... ¿Cómo no iba a conocerla siendo catedrático de Arte e Historia?

Romana, por su parte, añadió:

—¿Es una momia de verdad?

—Se trata de unas láminas, nada más —contesté—. Descubrimos un libro muy extraño dedicado a esa momia. Está lleno de dibujos y fotos de la momia, pero el texto está escrito en inglés, de modo que no lo entendemos.

—Fue —añadió Luis— bastante extraño, porque el libro ese apareció en el suelo de la habitación italiana.

—Qué extraño —comentó mi madre, mientras se servía el postre—. En la habitación italiana nunca ha habido libros.

—Es que ese libro —completó tío Ambrosio— no es de esta casa.

Mi padre le miró con cierto asombro.

—¿Os lo ha prestado alguien, tal vez? —quiso saber.

—No... —dijo su hermano—. Ha aparecido en esta casa, simplemente.

—Pero eso —dijo mamá—, sencillamente, no es posible. Si ha aparecido aquí, es que alguien lo ha traído. Reconoceréis que esto es una evidencia, ¿no es así?

Entonces, todos parecieron interesarse vivamente por aquel libro. Y ello hasta el punto de que Romana dijo:

—¿Nos lo podríais enseñar?

Luis y yo nos miramos. El libro estaba en la habitación italiana. Por tanto, había que ir a buscarlo y trasladarse en la noche, a través del inmenso pasillo a oscuras. Ir a buscarlo a la habitación italiana no era precisamente un plato de gusto.

—Está... en la habitación italiana —informé.

—Muy bien —asintió mi padre—. Pues id uno de vosotros dos a buscarlo.

Me levanté de la silla como quien va al cadalso. Mi hermano me miraba con una expresión mitad de miedo y mitad de agradecimiento. Mis padres no se daban cuenta de nada, y creo que tío Ambrosio tampoco.

Salí de la cocina. La cocina era, en toda la inmensa casa, la única pieza que permanecía iluminada. Empecé a caminar por el pasillo, mientras, no sé por qué, mis manos tanteaban la pared del corredor que tenía más cercana a mí. Poco a poco se oían menos los ruidos que llegaban desde la cocina, hasta que ya no se distinguían las palabras.

El pasillo era muy largo, larguísimo. [...] Una madera crujió bajo una de mis pisadas. Eso era normal en una casa antigua, pero no te agrada. Es algo así como si fuera la casa la que hablase, la que emitiese una especie de quejido. A mi izquierda dejé atrás uno de los cuartos desiertos y abandonados, y otro idéntico a mi derecha. No sé por qué las puertas siempre estaban abiertas, a pesar de que estas habitaciones están siempre desocupadas... Tío Ambrosio tiene la manía de que todas las puertas de la casa —menos la de la entrada, por supuesto— permanezcan eternamente abiertas.

Estoy ya en la mitad del pasillo. La oscuridad es total, a unos pocos metros está el interruptor de la luz. Sería horrible que ahora saliera alguien de esta última habitación desierta que aún me corresponde dejar atrás...

—No va a salir nadie, tonto —me digo a mí mismo, solo que en voz baja—. No va a salir nadie... porque no hay nadie.

Los últimos metros de mi recorrido son espantosos. El miedo ha hecho presa en mí, un miedo irracional y absurdo que solamente se atenúa cuando encuentro el interruptor y la luz ilumina el pasillo. Entonces, los fantasmas parecen alejarse momentáneamente, aunque no ignoro que luego surgirán, cuando apague de nuevo la luz para empezar el camino de regreso a la iluminada cocina.

Penetro en la habitación italiana, que como siempre está helada, y enciendo también su luz. Pero me espera una sorpresa desagradable. El libro de la momia Regina no está en el lugar en el que lo dejamos.

Sencillamente, ha desaparecido.

José María Mendiola, *La momia Regina*, Ed. Anaya, Col. El Duende Verde.

Frase hecha

«Poner los pies en polvorosa»

Quiere indicar: «huir, correr y escapar de algún peligro». Parece que esta frase la inventaron los ladronzuelos para explicar que cuando terminaban de realizar un atraco, debían huir corriendo, tanto que levantaran el polvo. Decían: hay que «poner los pies en polvorosa» (hay que salir corriendo).

8

Goewín, el hada verde

A la mañana siguiente, Diana se despertó temprano. Todavía tenía sueño, pero la excitación que sentía era más poderosa que su cansancio. El objetivo que dominaba su mente era conseguir acercarse al bosque en la primera oportunidad. [...]

Aquella mañana sus padres habían decidido acercarse a la ciudad, en la que tenían que hacer diversas compras, y no volverían hasta la hora de comer. Así que, en cuanto se fueron, Diana fue corriendo a decirle a su abuela:

—Abuela, yo quiero ir al Castro hoy por la mañana. ¿Verdad que me dejarás? —había un tono mimoso en la voz de la niña—. Te prometo que estaré de vuelta mucho antes de la hora de comer.

—¡Diablo de chiquilla! ¿Y qué hay en el Castro que corra tanta prisa? ¿No te bastó con haber ido ayer? —contestó la abuela. Después, al ver la cara de desilusión de la niña, añadió—: Anda, ve, pero desayuna antes, no puedes ir sin comer nada. Y ya lo sabes, si no vienes a tiempo y te riñen, yo no pienso defenderte.

Diana se abrazó a ella, llenándola de besos. Hizo a toda prisa las labores que le mandó la abuela y, en cuanto acabó de desayunar, salió de la casa y se echó a correr por el sendero que llevaba al monte. Todo estaba chamuscado y sin vida como el día anterior, pero apenas se fijó en nada. Solo pensaba en llegar cuanto antes al interior del bosque.

Una vez allí, se dirigió a la fuente en la que nacía el arroyuelo. Ya cerca de ella, la niña buscó el lugar en el que estaba el abedul del tronco hueco. No notó que se moviese nada, y, de golpe, todos sus temores se hicieron presentes. ¿Le habría pasado algo al extraño ser? ¿O habría huido y no volvería nunca? Quizá se hubiera desintegrado, como había dicho. ¿Sería eso lo mismo que morir?

Pero sus miedos desaparecieron muy pronto. Del hueco del árbol asomó la parte superior del cuerpo de la pequeña mujer, que la miraba con una mezcla de alegría y curiosidad.

—¡Temía que no volvieses nunca más! ¡Me he alegrado mucho cuando te he oído llegar! —la voz seguía siendo débil, pero había en ella una mayor firmeza—. ¡Vas a tener que ayudarme mucho, solo tú puedes hacerlo!

—¿Qué te pasa? ¿Te sientes mal? —preguntó Diana, temerosa.

—Estoy algo mejor que ayer. Me sentó muy bien descansar toda la noche. Pero aún no tengo fuerzas para moverme.

—¿Que quieres que te haga?

—¡Beber, necesito beber! —contestó la mujer, extendiendo los brazos hacia la niña—. ¡Llévame a la fuente!

Diana estiró los brazos y cogió a su diminuta amiga. Volvió a experimentar la misma rara sensación que el día anterior: aquella piel rugosa y delicada al mismo tiempo, aquel cuerpo frío, y aquel pelo, tan suave como el musgo que todos los inviernos recogía con su madre para hacer el belén.

Ya en la fuente, se agachó y colocó a la mujer de tal forma que ella sola pudiese beber del hilo de agua que se deslizaba entre las piedras. Cuando acabó, el pequeño ser le dijo:

—Ahora llévame a un sitio donde dé el sol. Después de beber, lo que más necesito es sentir su calor.

Diana obedeció. Con ella en brazos, se dirigió hacia una roca recubierta de líquenes, acariciada ya por el sol de la mañana, y la acomodó en un pequeño hueco de la piedra. La niña se sentó a su lado, en un saliente que había un poco más abajo.

—¡Aquí sí que estoy bien! Necesitaba sentir la energía del sol, eso me da fuerzas —la cara de la mujer mostraba toda la satisfacción que sentía—. ¡Noto que la vida vuelve a estar dentro de mí!

Aquel extraño ser cerró los ojos y se dejó acariciar por el sol. Después de permanecer un buen rato en silencio, la niña se atrevió a hablar:

—Quería hacerte una pregunta, aunque no sé si querrás contestarme.

Como la mujer diminuta no decía nada, la niña añadió:

—Quiero saber quién eres. ¿Cómo es que nadie te ha visto nunca? ¿Y qué son todas esas cosas que dijiste ayer, lo del palacio, y lo de tus hermanas y todo eso?

Durante un tiempo, la mujer se quedó callada. Tenía los ojos cerrados y una expresión seria en su cara. Cuando los volvió a abrir, miró a Diana y le contestó:

—Es normal que me lo preguntes; ya me extrañaba que tardases tanto. Además, creo que tengo que contártelo. De alguna manera, es algo que te debo.

—No me debes nada. Mi abuela dice que si le haces un favor a alguien no es para que te lo devuelva.

—Me gusta tu abuela, tienes que... —la mujer se calló y miró a Diana con ojos intranquilos; ahora había alarma en su expresión—. ¿No le habrás dicho nada de mí, verdad?

—No le he dicho nada a nadie. Te lo prometí, ¿te acuerdas? Pero quiero saber quién eres.

—Te lo diré, pero con una condición. Nadie debe saber nunca nada de lo que te voy a contar —la mujer tenía ahora el rostro muy serio, y había recalcado sus palabras con un tono especial—. Eres el primer ser humano que ve a una de nosotras. Y tienes que ser el último, nuestros mundos no se pueden mezclar. ¿Me lo prometes?

—Prometido. Palabra de honor —contestó la niña, también con expresión seria.

—Quizá ya lo imaginabas, quizá lo preguntas solo para asegurarte —la mujer miró a Diana y sonrió—. Me llamo Goewín y soy un hada. Un hada verde, de esas que se encargan de cuidar de todos los bosques del mundo.

—¿Un hada? ¿Un hada verde? —la expresión del rostro de Diana mostraba con claridad todo el asombro que sentía.

—Pues sí, un hada verde, de las que vivimos en los bosques desde hace miles de años. ¿No hay cuidadores de rebaños? Pues nosotros somos las cuidadoras de los bosques, las que nos encargamos de que los árboles crezcan, de que les nazcan hojas y frutos, de que conserven el aire y el agua... En fin, de que cumplan la función que tienen en la rueda de la vida.

—Pero tú has dicho que nadie os ha visto nunca. ¿Cómo puede ser eso? Y ayer hablaste de tus hermanas, aseguraste que se habían desintegrado. ¿Por qué no me lo cuentas todo?

—Te lo voy a contar, aunque supongo que no es fácil de entender para un humano —el hada hizo una pausa, como pensando en lo que iba a decir—. Verás, en cada uno de los bosques del mundo vive una familia de hadas verdes, encargadas de que los árboles sigan su ciclo vital. Mi familia se ocupa de este bosque. O se ocupaba, mejor dicho, porque ahora solamente quedo yo. Mis hermanas se desintegraron cuando luchamos para detener el fuego.

Una sombra de tristeza recorrió el rostro del hada. Se quedó en silencio, como pensando en todo lo que acababa de decir. Diana permanecía callada, temerosa de interrumpir los pensamientos de Goewín. Por fin, después de unos minutos, la mujer continuó:

—Las hadas vivimos debajo de la tierra, en palacios de cristal que construimos cerca de las fuentes. Debajo de cada bosque hay una hermosísima ciudad subterránea. Te asombrarías si la pudieses ver. Allí vivimos, sobre todo en invierno. Porque desde la primavera al otoño pasamos casi todo el tiempo volando entre los árboles, cuidando de que las cosas vayan bien.

—¿Volando? Pero nunca os ha visto nadie; ni siquiera mi abuela, con lo viejecita que es. ¿Cómo puede ser?

—Volamos porque tenemos alas, así de sencillo. ¿O no te has fijado en mi espalda? —el hada giró el cuerpo, y entonces Diana pudo ver dos bultos, como nudos de árbol, en la parte superior—. Y nadie nos ve porque sabemos hacernos invisibles. Cuando estamos fuera del palacio, siempre somos invisibles, sobre todo durante el día. Así que ni los humanos ni los animales notan nuestra presencia.

—¿Y tu familia?

—Tengo... tenía muchas hermanas. Ahora solamente quedo yo.

Viendo la expresión del hada, Diana lamentó haber hecho aquella pregunta, pero ya no tenía remedio. Pasados unos instantes, Goewín movió la cabeza, como intentando apartar los pensamientos tristes, y continuó con su historia:

—Mis hermanas ya no existen, pasaron a formar parte otra vez del bosque; son ya solo polvo, se desintegraron cuando luchamos contra el fuego. Lo del incendio fue horrible, no quiero ni acordarme de esa noche. Llevábamos ya varios días volando por el pinar, cuidando de que no ocurriese nada. Pero estaba todo muy seco, sabíamos que podía arder en cualquier momento. Cuando prendió el fuego, muchas estábamos durmiendo en el palacio de cristal. Salimos afuera y comenzamos a luchar contra el incendio, intentando detenerlo. Pero muy pronto vimos que las llamas se habían extendido con rapidez y que los pinos ya estaban perdidos. Entonces nos vinimos todas al bosque y batallamos por atajar aquellas llamas, no podíamos dejar que llegasen al corazón de la arboleda. Y lo conseguimos, bien lo ves. Pero pagamos un precio muy alto. El palacio de cristal está hechos añicos, no pudo resistir el calor que llegó hasta él. Y mis hermanas se desintegraron con las altas temperaturas, ahora solo son polvo en el aire del bosque. Todavía siento su energía a mi lado, pero ellas ya no están aquí. Y yo tampoco estaría si no fuese por ti, que viniste a ayudarme. Aunque no sé si hiciste bien o no. Quizá habría sido mejor que yo hubiera desaparecido con ellas.

—Pero si tú también desapareces, ¿quién cuidará ahora del bosque? ¿Ya no lo protegerá nadie? —intervino Diana.

—Tienes razón, perdona. No hagas caso de lo que he dicho, la verdad es que has hecho bien al salvarme —Goewín miró a la niña con ojos cargados de ternura—. Aunque, cuando cure, voy a tener que trabajar como nunca. [...] Verás: las hadas vivimos muchos años, pero también nos hacemos viejas. Llega un momento en que el cuerpo se nos pone rugoso y seco, como si la vida quisiera abandonarnos. Y entonces, un día nos deshacemos sin más. Nuestro cuerpo se vuelve polvo. Ese polvo lo ponemos en cajas llenas de tierra, en una estancia que tenemos en el interior del palacio. Y de ahí, al poco tiempo, nacen nuevas hadas. Brotamos como si fuésemos plantas. Así de sencillo, ya ves.

Como la niña seguía callada, Goewín continuó:

—De alguna manera, seguimos viviendo en las hadas nuevas. Como les pasa a todas las plantas y árboles que viven en el bosque. Ya ves que tampoco es tan extraño. Todo muere y todo nace, es ley de vida.

Diana continuaba en silencio, tratando de entender las cosas que el hada le estaba relatando. Después de un tiempo, dijo:

—Mi abuela me contó algo parecido. Siempre anda diciendo que se va a morir, que ya es vieja y no se va a quedar aquí toda la vida. Y yo le contesto que no puede morir, porque quiero estar siempre con ella. Un día me explicó que sería así si yo lo quería, que bastaba con que la tuviese siempre en la memoria. «Solo morimos cuando nadie se acuerda de nosotros». Se me quedaron grabadas estas palabras que me dijo. Aunque a mí me parece que no es lo mismo.

El canto de un petirrojo llegó a los oídos de la niña. Diana levantó la vista y buscó entre los árboles de alrededor, hasta conseguir dar con él. Después miró el cielo, donde el sol ya estaba en lo más alto. El tiempo había pasado sin que se diese cuenta, y sus padres debían de estar al llegar. Tenía que volver rápidamente a su casa.

—Ya es muy tarde, tengo que irme. Si vuelven mis padres y no estoy, me van a regañar a mí y a mi abuela. ¿Quieres que te lleve otra vez a la madriguera de las ardillas?

—Sí, no me vas a dejar aquí tirada. Estoy mejor, pero todavía tardaré unos días en reponerme.

Diana volvió a coger al hada, con ternura, y la llevó al hueco del abedul. Cuando la vio instalada, le dijo:

—Mañana volveré, y seguimos hablando. Pero si no pudiese venir, no pienses que me olvidé de ti; será porque no me dejan. ¡Volveré, te lo prometo!

La niña echó a correr y se perdió entre los árboles. Desde el hueco, el hada la vio marchar, con pena. También ella deseaba que pasasen pronto las horas que faltaban para que llegase el día siguiente.

Diana se despertó con el ruido que hacían las gotas al golpear en los cristales. Hacía tanto tiempo que no lo escuchaba, que, al principio, no se dio cuenta de lo que ocurría. Cuando se levantó, pudo ver que el tiempo había cambiado durante la noche. Ahora llovía con fuerza, como si las espesas nubes grises que cubrían el cielo quisieran compensar toda la sequedad de las semanas anteriores.

Los padres de la niña recibieron la lluvia como una bendición, como un regalo largamente esperado. [...] Sin embargo, para Diana, la llegada del agua era causa de preocupación: ¿cómo iba a hacer para proteger a Goewín?

Agustín Fernández Paz, *Las hadas verdes*, Ed. SM, Col. El Barco de Vapor.

Brujita Boba

Brujita Boba
no sabe nada:
ni colicoli
ni abracadabra,
ni bebedizos,
ni nigromancias.
Brujita Boba
¿dónde está tu escoba?
Brujita Boba
no tiene gato,
ni tiene búho
ni médico mágico,
ni una perola
llena de sapos.

Brujita Sabia,
no tengas rabia.
Brujita Boba
quiere a los niños,
les da galletas,
les da rosquillos,
les da su escoba,
le da lo mismo.
Brujita Buena,
no tengas pena.

Carlos Murciano

—¡Hola, muñequito de madera! —le dijo—. Es a ti a quien voy a dar vida para satisfacer los deseos de Geppetto.

El Hada Azul tocó la marioneta con su varita mágica y dijo:

—¡Despierta a la vida pequeña marioneta!

El muñeco de madera fue cobrando vida muy despacito. Se frotó los ojos para desperezarse. Abrió la boca y exclamó:

—¡Puedo hablar, puedo moverme!

—¡También puedes andar y saltar y jugar como un verdadero niño! —dijo el Hada.

Entonces, el Hada se dirigió a Pepito Grillo y le encargó:

—Para que Pinocho llegue un día a ser un verdadero niño, necesita que tú le ayudes a distinguir lo que está bien y lo que está mal. ¿Prometes estar siempre cerca de Pinocho?

—¡No sé si seré capaz! —dijo Pepito Grillo—, pero creo que voy a ayudar a que este muñeco de madera se convierta en un verdadero niño.

El Hada Azul abandonó la habitación y desapareció en el cielo.

Cuando Geppetto se despertó y vio a Pinocho bailando, gritó:

—¡Pinocho está vivo! ¡El Hada Azul ha escuchado mi deseo!

Pinocho, como todos los niños, ha de ir a la escuela. En el camino, un gato salvaje llamado Gedeón y un zorro muy astuto llamado Honrado Juan, salen a su encuentro y le convencen para que no vaya a la escuela. Pinocho olvida su promesa de ir a la escuela y cae en las manos de un titiritero. Al finalizar su actuación, es encerrado en el carromato del titiritero dentro de una jaula, para que no escape.

Pinocho se pone a llorar y llama a Pepito Grillo para que le ayude.

—Yo no puedo abrir el candado, solo el Hada Azul podría salvarte.

En ese momento el Hada Azul aparece en el carromato.

—¿Acaso Pinocho has hecho una travesura?

—¡Oh no, señora Hada! He sido raptado por un monstruo terrible, con ojos así de grandes... ¡Me ha traído hasta aquí para encerrarme!

—Y la escuela ¿qué tal?, ¿te ha gustado? —prosigue el Hada.

—¡Oh sí, mucho, muchísimo! Bueno... yo...

Por cada mentira que cuenta Pinocho, su nariz va creciendo más y más. Pinocho se asusta y...

—¡Perdóneme, señora Hada!, ¡he mentido pero ya no lo volveré a hacer más!

—¿Prometido?

—Sí —dijo Pinocho.

—Pinocho —le dice el Hada—, no debes olvidar que la mentira se ve como la nariz en medio de la cara... ¡Cuanto más miente un niño, más se le alarga la nariz! ¿Has entendido?

Con la varita abre la jaula y el Hada regresa a su estrella.

http://encina.pntic.mec.es/~alor0009/tpi.htm

9

Malos tiempos para fantasmas

Max es un fantasmita que tiene miedo a las personas y todos lo saben. Por eso, debe demostrar que es un verdadero fantasma y que sabe asustar a la gente. Su padre ha decidido enseñarle y quiere darle una lección práctica, pero… no lo consigue. Max y su padre regresan a casa y comprueban que todos saben su fracaso.

De ninguna manera quiero contar detalladamente lo que nos tocó oír cuando regresamos a casa, a la mazmorra del castillo.

El abuelo dijo que él ya había advertido a tiempo que no saldría bien. Y, finalmente, la abuela estaba preocupada por el buen nombre de la familia.

La abuela dijo que habíamos hecho el ridículo delante de la gente. Y que esto iba a tener malas consecuencias para todos nosotros. Por eso era ella misma la que iba a tomar en sus manos las riendas del asunto.

—Para una cosa así hace falta un fantasma viejo y experimentado. Mi nieto Max debe participar en mi rico tesoro de experiencias. Mañana, inmediatamente después de la escuela, salimos.

Así fue como a la noche siguiente me vi sentado junto a la abuela en la barandilla de un puente tendido sobre la autopista.

—Enseguida tienen que llegar —dijo la abuela, y sus ojos empezaron a tener ese brillo que tenían siempre que se las prometía especialmente felices por algo.

No quiso revelarme quién tenía que llegar enseguida, a quién había llamado.

El viento hacia tremolar nuestros camisones y por debajo de nosotros pasaban los coches por las dos interminables bandas de hormigón. Allá delante, a lo lejos, aparecían los dedos de luz de los faros. Al principio todavía cerraba los ojos cuando se acercaban, pero no tardé en acostumbrarme.

—¿Estos coches se pasan toda la noche circulando? —pregunté, y la abuela solo asintió—. ¿A dónde va toda esa gente? —seguí preguntando.

—No lo sé, en serio —dijo—. Estos coches los hay solo desde hace sesenta o setenta años, solo desde hace setenta años los hay. No he tenido tiempo de averiguar a dónde van.

> La abuela se sumió en sus recuerdos. Recordó los tiempos en que la gente aún iba a caballo o a pie, y lo fácil que era asustarlos... En cambio hoy, los hombres se meten en esas cajas de hojalata y allí están a salvo de los fantasmas.

—¿Cuándo fue la última vez que asustaste tú a un humano? —le preguntó Max.

—Uf —dijo la abuela—, eso fue en los tiempos de las diligencias de correos. A mi edad yo no tenía ganas de adaptarme a los ferrocarriles y a los coches y me jubilé. Los quinientos años que hacen falta para jubilarse ya los había cumplido mucho tiempo antes, mucho tiempo antes.

Esta respuesta no la esperaba yo. Normalmente la abuela siempre hacía como si casi todos las noches tuviera su diversión con la gente...

—Bueno, ¿y? —dijo.

Yo me estremecí, porque parecía poder leer mis pensamientos.

—Piensa, por ejemplo, en tu padre: un fantasma aporreador, un martinico. Un martinico incluso superdotado. ¿Pero qué podría hacer él hoy en día a una persona? La gente ya hace mucho que no se asusta de signos de golpes misteriosos. Cuando oye algo así en sus casas, a lo sumo creen que la calefacción está estropeada. Solo se asustan si oyen golpes en el motor de su coche.

Pero los dos policías solo se retiraron un poquito. El gordo gritó:

—¡Silencio!

Y con eso me asustó tanto que el cuarto «uaaah» se me quedó atascado en la garganta.

> Los policías sujetaron a la abuela, y ella ya era demasiado vieja para achicarse y escabullirse. La abuela aullaba de rabia, y uno de los policías trataba de tranquilizarla. Al final tuvieron que taparle la boca.

Los policías notaron casi instantáneamente la frialdad gélida que desprendía el cuerpo que estaban sujetando. Ahora tenían que tener pánico. Pero, el gordo dijo algo de «congelación» y el flaco contestó:

—No tiene nada de extraño. La pobre mujer tiene que estar congelada después de haber estado tendida en la hierba húmeda.

—No las tengo todas conmigo —dijo a esto el gordo.

Y yo sentí una pequeña esperanza, que se esfumó inmediatamente de nuevo cuando el gordo siguió hablando:

—Una mujer vieja y un niño en la carretera en plena noche, y además los dos en camisón. Aquí hay algo que no encaja.

Esperé a que la abuela hiciera algo. Pero ella se quedó allí parada y muy tranquila; su fracaso la había perturbado totalmente.

—Primero vamos a tomar la filiación personal —dijo entonces el policía flaco—. Esto siempre está bien cuando no se sabe qué hacer.

Hojeó su cuaderno de notas, y para esto tuvo que soltar a la abuela. Pero ella no se movió. Sus ojos volvían a echar chispas, y por eso noté yo que tenía un nuevo plan para asustar a los policías.

—¿Cómo se llama usted, buena mujer? —preguntó el flaco.

La abuela contestó muy tranquila:

—Fantasma Aporreador. Yolanda Teodora Genoveva Fantasma Aporreador.

El policía escuálido soltó una risotada que sonó como un balido, luego carraspeó y dijo:

—Perdone usted, yo sé que es de muy mala crianza reírse del nombre de otro: nadie tiene la culpa del nombre que lleva.

Se hizo repetir el nombre, lo anotó en su cuaderno y luego preguntó a la abuela cuál era la fecha de su nacimiento.

—Naturalmente, esto a una señora no se le pregunta —añadió conciliador—. Pero mi interés es puramente profesional.

La abuela sonrió y dijo:

—Nací el 29 de febrero de 1211.

—Quiere decir 1911, claro —dijo el policía flaco.

—Quiero decir 1211 —replicó la abuela.

—Pero entonces tendría usted... tendrá usted bastante más de setecientos años.

—Y los tengo —confirmó la abuela.

Ahora también el policía gordo soltó a la abuela. Se retiró un paso y vi cómo hacía una seña al otro policía: se dio golpecitos en la frente con el dedo índice.

Yo no sabía qué quería decir esto, pero el flaco pareció entender la seña. De repente se vio una sonrisa en su cara. Luego cerró el cuaderno de notas, pidió un poco de paciencia y volvió al coche. Allí levantó un auricular y dijo:

—Hemos detenido a dos individuos curiosos, una vieja y un niño, los dos en camisón. La vieja, por cierto, afirma que tiene más de setecientos años...

Pasó un rato escuchando al auricular, luego se rio y dijo:

—Justo eso es lo que pensaba yo, que son un par de locos. Probablemente se han escapado de un manicomio.

—¡No estamos locos! —chilló la abuela—. ¡Somos fantasmas, fantasmas extraordinariamente espantosos! [...]

¡Hacerse invisible! Esta era la última oportunidad de la abuela.

Apenas había pensado esto, la abuela desapareció. Podía verse que aún estaba allí, porque la gorra con los adornos dorados del policía gordo se alzó de repente de su cabeza y salió volando a grandes ondas por encima de la carretera. Inmediatamente su oreja derecha se hizo tan grande como la de una liebre (seguramente la abuela le estaba tirando de ella) y el gordo dejó oír un estridente grito de dolor. El policía flaco quiso ir en su ayuda, pero tropezó con algo que no vio, la pierna de la abuela concretamente, y cayó cuan largo era. [...]

Un instante después la abuela y yo estábamos en casa, en la mazmorra del castillo. La abuela había recurrido a uno de sus antiquísimos trucos mágicos para ahorrarse el largo camino a casa.

Walter Wippersberg, *Malos tiempos para fantasmas*,
Ed. Espasa Calpe, Col. Austral Juvenil.

El fantasma Cucufate

El fantasma Cucufate
se dio ayer un sofocón:
se manchó de chocolate
la sábana de algodón.

La metió en la lavadora,
le echó mucho detergente
y la lavó media hora
con el agua muy caliente.

Y ahora como alma en pena,
enfadado y afligido,
vaga de almena en almena:
¡la sábana le ha encogido!

Le llega por las rodillas,
igual que una camiseta,
y luce las pantorrillas
y las medias de calceta.

Tiene un enorme disgusto
porque, de frente o de espaldas,
¿a quién va a matar de susto
un fantasma en minifalda?

Carmen Gil, *Monstruos, brujas y fantasmas*, Ed. Brosquil.

El fantasma chico

El fantasma chico
de la madrugada
armó un estropicio
de mucha importancia.

Se le cayó el tarro
de la mermelada:
despertó a Marilia
y a sus dos hermanas,
despertó al canario,
despertó a la gata,
que salió bufando
por una ventana.

El fantasma chico
se manchó la sábana
y anda como loco
por toda la casa
buscando esas cosas
que más blanco lavan.

Que a él le gusta siempre
ir como Dios manda.

Carlos Murciano

Fantasmería

(Para recitar a ritmo de rap)

Zumba el viento por las rendijas,
se oyen suspiros, suenan cadenas.
Es noche cerrada, ¿quién será?
Son los fantasmas que vienen y van.

Arrastran sus pasos con dificultad,
andan sin zapatos para no asustar,
van en fila india, todos al compás,
son inofensivos, déjalos pasar.

No te asustes
ni te espantes
ni te asombres
si a los fantasmas
sientes llegar.

Entre las tinieblas, tienen que viajar
a sus reuniones del más allá,
ellos atraviesan la ciudad
en cinco segundos, no demoran más.

No pegues un grito si los ves volar,
todos silenciosos en la oscuridad.
Hazte el dormido, déjalos en paz,
si les dices algo, se pueden esfumar.

No te asustes
ni te espantes
ni te asombres
si a los fantasmas
sientes llegar.

Yolanda Reyes

El fantasma de Canterville

Es un personaje literario famoso, creado por el escritor y dramaturgo inglés Oscar Wilde. Este fantasma es el alma en pena de sir Simón Canterville, quien después de asesinar a su esposa lady Eleonore, desapareció —nueve años después— en extrañas circunstancias. El castillo está embrujado. El fantasma se dedica a espantar a los habitantes del castillo, valiéndose para ello de distintos «disfraces de fantasma» *(el fraile vampiro, Jonás el desenterrado, el cazador del bosque de Hogley, el esqueleto del suicida,* etc.), que en el libro son descritos como si fuesen caracterizaciones teatrales.

The Canterville Ghost es un cuento de humor y misterio, de fantasía e intriga, que tiene el siguiente argumento: Hiram B. Otis, estadounidense, adquiere el castillo de Canterville (Inglaterra) y se traslada con su familia a vivir en él. Lord Canterville, dueño anterior del mismo, le advierte que el fantasma de sir Simon de Canterville anda en el edificio desde hace no menos de trescientos años, pero el Sr. Otis, estadounidense moderno y práctico, desoye sus advertencias. La familia de Hiram B. (su esposa Lucrecia, el hijo mayor Washington, su hija Virginia, y sus dos traviesos gemelos) se mudan a la mansión, burlándose constantemente del fantasma. El fantasma no logra asustarlos, y más bien pasa a ser víctima de las bromas y de la indiferencia de la familia. Está triste, pero con la ayuda de Virginia (quien se compadece de él), logra alcanzar la paz de la muerte.

Este libro ha sido llevado al cine y al teatro numerosas veces, y se han hecho versiones para televisión y radio. También hay varias adaptaciones musicales.

El escritor Pedro Mañas Romero nos cuenta en tono de humor, en su libro *Poemas para leer antes de leer,* qué hacía este famoso fantasma.

Recorrías...
el castillo, con tu viejo candelabro,
con un gesto muy macabro y aullando por los pasillos.
Te asomabas...
desde el fondo del espejo a medianoche,
bailando como un fantoche agarrado a tu reflejo.
Arrastrabas...
muy despacio por la alfombra tus cadenas,
agitando tu melena entre las sombras del palacio.
Te escondías...
en secreto en el fondo del armario,
asustando al vecindario con tu traje de esqueleto.
Y al oírte...
se ocultaba el barón bajo la mesa,
la condesa sufría mil desmayos,
los lacayos escapaban en calesa,
la duquesa se largaba en su caballo,
el cochero se enganchaba a la botella. [...]
Pero ahora,
¿a qué individuo aterroriza encontrarse
cara a cara a un buen fantasma?
La gente tiene miedo de otras cosas:
de la gripe y la viruela,
de la escuela y del trabajo,
del jefazo y del dentista,
la autopista y los atascos,
los chubascos y las prisas.
Pero duende y fantasmas
ya solo producen risa.

Frase hecha

«Tener cabeza de chorlito»

Los chorlitos son unos pájaros pequeños con patas largas, una cabeza diminuta y un cuello muy grueso, por lo que durante mucho tiempo se pensó que no tenían cabeza. Cuando decimos que una persona tiene cabeza de chorlito, queremos decir que tiene poca cabeza, que hace las cosas sin pensar, que se despista continuamente.

10

El bosque de los grumos

Era el segundo día de vacaciones y Miguel había ido al bosque a buscar setas. Tenía la cesta llena y estaba a punto de volver a su casa, en una pequeña aldea junto al lindero del bosque, cuando, debajo de un roble, vio una rana mordisqueando un hongo de rojo sombrerete.

Se quedó muy sorprendido, pues creía que las ranas solo comían insectos y otros bichejos, y además aquel hongo era venenoso. Miguel, que entendía mucho de setas, conocía incluso su nombre científico: *Amonita muscaria,* llamada así porque su veneno solía matar a las incautas moscas que acudían a ella atraídas por su vivo color.

El niño se acercó sigilosamente y, al verla más de cerca, se dio cuenta de que aquella rana era muy rara. Se mantenía erguida sobre sus patas traseras y tenía una especie de cuernecillo en la cabeza...

Solo pudo examinarla durante unos segundos, pues, al percatarse de su presencia, la extraña rana desapareció tan rápidamente como si se hubiera volatilizado en el aire.

Al acercarse a la amanita, Miguel comprobó que estaba mordisqueada. Se inclinó sobre la seta para examinar los mordiscos; pero no tuvo tiempo de hacerlo, pues una mano huesuda y fuerte como una garra lo aferró por el pescuezo.

—¿Qué haces, insensato? —dijo a sus espaldas una voz ronca y áspera.

La poderosa mano lo levantó y lo hizo volverse, y Miguel se halló frente a una anciana de ojos penetrantes que lo miraba con cara de reproche. Iba vestida completamente de negro y llevaba suelto el largo cabello blanco. El niño pensó con espanto que, si existían las brujas, acababa de caer en manos de una.

—¡Vamos, escupe el trozo, mentecato! —le gritó la vieja, zarandeándolo con violencia.

El pobre Miguel no podía escupir nada, puesto que nada estaba comiendo, y tenía tanto miedo que tampoco podía hablar.

La anciana le abrió la boca con sus manos huesudas y miró en su interior.

—¡Maldita sea... te lo has tragado! ¿No sabes que esa seta es muy, pero que muy venenosa? ¿Cómo se te ocurre darle un mordisco, pequeño majadero?

—Sí que lo sé —logró balbucear por fin Miguel—, y yo no la he mordido...

—¿Cómo que no? ¿Y ese trozo que falta?

—Se lo ha comido una rana...

—¿Una rana? ¿Me tomas por boba? Te crees que soy una vieja chocha, ¿eh? ¡Las ranas no comen setas, botarate!

Dicho esto, levantó a Miguel y se lo cargó al hombro como si fuera un saco. Tenía una fuerza extraordinaria para ser una anciana.

—¡Suélteme! —gritó el niño—. ¡Socorro!

—¡Cállate si no quieres que te convierta en un sapo peludo! —lo amenazó la vieja, echando a andar hacia el interior del bosque—. ¿Te gustaría ser un sapo peludo?

—No —contestó Miguel, con apenas un hilo de voz.

—Además... por mucho que grites, no te va a oír nadie. Solo yo; y yo no tengo ningunas ganas de oírte. Ya tengo bastante con llevarte a cuestas... ¡Una rana! ¿No sabes lo que comen las ranas?

—Insectos, creo...

—Insectos en movimiento —precisó la anciana—. Las ranas son tan tontas que si ven una mosca quieta no la identifican como comida. Una rana podría morirse de hambre rodeada de rico paté de mosca, pues su pequeño cerebro, casi tan pequeño como el tuyo, solo reconoce como comida algo diminuto y en movimiento, como un insecto volando. De modo que ni siquiera una rana borracha se comería una seta...

Miguel estaba más perplejo que asustado. Aquella bruja no parecía tener malas intenciones, pues creía que él había mordido una seta venenosa y había intentado hacerle escupir el trozo. Además, hablaba como una maestra, como si le estuviera dando una lección de Ciencias Naturales. [...]

Al cabo de un rato, llegaron a una cueva. La entrada estaba oculta tras unos matorrales, y en el interior, débilmente iluminado por una serie de agujeros en el techo, a modo de tragaluces, Miguel vio la más extraordinaria colección de hongos que se pueda imaginar. Había algunos ejemplares enormes, y especies que no había visto ni siquiera en los libros.

La cueva de los hongos comunicaba con otra que, al parecer, era la vivienda de la bruja. Aunque, más que una vivienda, parecía un laboratorio: había varias mesas llenas de frascos, redomas y alambiques, y estantes con montones de viejos libros y extraños cachivaches.

La anciana depositó a Miguel en el suelo, echó mano de un frasco que contenía un espeso jarabe verdoso, llenó una cuchara, y le dijo:

—Tómate esto.

—No me lo pienso tomar —dijo el niño con determinación.

—¿Ah, no? ¿Prefieres que te ate a una silla, te ponga una pinza en la nariz para obligarte a abrir la boca y te haga tragar todo el frasco con un embudo?

—Está bien —dijo Miguel, ante los argumentos de la vieja. Abrió la boca, dejó que le metiera la cuchara y se tragó el amargo jarabe.

—Así me gusta...

—¡Está malísimo! —se quejó el niño.

—Este jarabe te va a salvar la vida: no pretenderás que encima esté bueno. Es un antídoto contra los hongos venenosos. Lo he preparado yo misma, que soy la mayor experta mundial en el tema. ¿Te das cuenta de la suerte que has tenido?

—Ahora que ya me he tomado su asquerosa pócima —dijo Miguel muy ofendido—, ¿se va a creer de una vez que yo no he mordido esa seta?

—No me hables así, enano.

—Lo siento, pero esa pócima está realmente asquerosa. Me puede obligar a tomármela, pero no querrá que encima le dé las gracias... Ya me está dando dolor de estómago...

—Cuando digo que no me hables así, quiero decir que no me trates de usted. Me hace sentir mayor, y solo tengo ochenta y dos años. Toma, esto te quitará el sabor del antídoto —dijo ella, dándole una manzana que tomó de un frutero.

—Mi madre me ha dicho que nunca acepte cosas de los desconocidos.

—Esto no es una cosa, es una manzana. ¿No pensarás que yo soy la madrastra de Blancanieves y que es una manzana envenenada? Además —le aclaró a Miguel la enigmática anciana—, los desconocidos con malas intenciones usan los regalos para camelarse a los niños y llevárselos a algún lugar apartado... Pero tú ya estás en mi casa, que es un lugar apartadísimo, y si quisiera podría hacer longanizas con tus tripas; así que ya no tiene sentido rechazar la manzana. Cómetela.

El argumento de la vieja era de una lógica aplastante y, además, Miguel quería quitarse el mal sabor de boca y el ardor de estómago, de modo que aceptó la manzana y empezó a comérsela a mordiscos.

—Está buena.

—Claro que está buena. Ah, por cierto, puesta a darte buenos consejos, tu madre también te podría haber dicho que las setas desconocidas son tan peligrosas como las personas.

—Para que te enteres, conozco muy bien las setas —replicó el niño—, y yo no he mordido esa amanita.

—Así que sigues insistiendo en que ha sido una rana...

—Bueno, a lo mejor no era exactamente una rana. Era bastante rara. Tenía un cuernecillo encima de la cabeza...

—¿Un cuernecillo, dices? ¿No sería un pedúnculo? —pregunto la anciana, con repentino interés.

—No sé muy bien lo que es un pedúnculo —reconoció Miguel.

—Un cuerno es duro y rígido. Un pedúnculo es blando y flexible, como un dedo —dijo ella, moviendo su huesudo meñique.

—Entonces, era eso, un pedúnculo. Se movía...

—¿No me estarás engañando, enano?

—¿Por qué iba a hacerlo? Ya me has hecho tomar la asquerosa poci... quiero decir el antídoto. Lo mismo me daría admitir que me he comido yo la amanita.

—¿Será posible que...? —murmuró la vieja para sí—. No, no puede ser.

—¿Qué es lo que no puede ser?

—¿Sabes lo que son los grumos, enano?

—Claro. Son esas bolitas pringosas que se forman cuando el cacao no se disuelve bien en la leche...

—No me refiero a esos grumos, sino a los otros... No, claro que no sabes lo que son. Casi nadie lo sabe. Quedan muy pocos en el mundo, y desde luego no hay ninguno por estos andurriales. A no ser que, por alguna misteriosa razón, hayan venido recientemente. Pensándolo bien, hay una laguna bastante cerca...

Carlo Frabetti, *El bosque de los grumos*,
Ed. Alfaguara.

El grumo

Si en una noche de luna
o al clarear la mañana
ves cerca de una laguna
un ser que es como una rana,
pero que camina erguido
y se esfuma como el humo
al oír el menor ruido,
no estás soñando: es un grumo.

Si del bosque en lo profundo
una cosa pequeñita
logras ver por un segundo
mordisqueando una amanita,
y esa cosa, verde o rosa,
se relame con el zumo
de la seta venenosa,
no alucinas: es un grumo.

Si ves entre la maleza
un bicho con un cornete
o dos sobre la cabeza,
tan rechoncho y regordete
y tan ágil y flexible
como un luchador de sumo
diminuto y apacible,
no lo dudes: es un grumo.

Carlo Frabetti, *El bosque de los grumos*, Ed. Alfaguara.

La bruja

La bruja, la bruja
se quedó encerrada
en una burbuja.
La bruja, la boba
con escoba y todo
con todo y escoba.
Está prisionera
chillando y pateando
de mala manera.
Tiene un solo diente,
orejas de burro
y un rulo en la frente.
Que llore, que gruña,
que pique su cárcel
con diente y con uña.
Que salte, que ruede,
que busque la puerta
que salga si puede.
¡Se quedó la bruja
presa para siempre
en una burbuja!

Mª Elena Walsh

La seta Enriqueta

La seta Enriqueta,
debajo de un pino,
oculta entre hierbas
no ve el camino.
Las setas que viven
con nuestra Enriqueta
tiritan de miedo
si alguien se acerca.
No quieren dejar
al viejo pino
ni quieren que nadie
las guise con vino.

Inés Flores Llanos, en
www.laspoesiasdeinesflores.blogspot.com.es

Un geniecillo del agua

El genio del agua tuvo un hijo, y para celebrarlo organizó una fiesta. Invitó a veintisiete parientes: doce genios con sus respectivas mujeres, un genio de la fuente, la geniecilla del puente de San Nepomuceno y el genio del pantano.

El genio de la fuente era ya muy viejo y lucía barba blanca. Vivía en el caño de la fuente situada tras el parque de bomberos. Los restantes genios del agua y sus mujeres procedían del estanque del pueblo, del charco de las ranas, de la charca de los patos, de la balsa roja y de la balsa negra, del manantial de las truchas, del arroyo de piedra y de otros cinco arroyos más. [...]

Al cabo de un rato, el genio de la fuente, el que tenía la barba blanca, alzó la mano y dijo:

—Dejémonos de gritos estentóreos y deseemos todo tipo de felicidades a nuestro geniecillo del agua.

—¡Muy bien dicho! —corroboraron los demás.

Y, uno tras otro, desearon al geniecillo del agua salud, felicidad, larga vida y todo lo que un geniecillo de agua puede necesitar.

Por su parte, y sin que nadie se diera cuenta, el genio del pantano se introdujo la mano en el bolsillo y sacó de él una flauta. Y cuando le tocó el turno, dijo:

—Muchacho, para que tengas un corazón lleno de alegría.

Y llevándose la flauta a los labios empezó a tocar.

El pequeño genio del agua creció deprisa y pronto salió a recorrer la presa del molino donde vivía. Su padre, el genio del agua, le enseñó la presa y le presentó a los peces que nadaban en sus aguas, a las salamandras, caracoles, gusanos, larvas de escarabajos, pulgas de agua, etc. Pronto se familiarizó con todo y con todos y comenzó a hacer travesuras.

El geniecillo del agua coleccionaba todo lo que los hombres tiraban distraídamente a la presa del molino: latas vacías, bombillas, zapatillas viejas y otras cosas de parecido valor. Todo esto lo escondía debajo de las piedras situadas detrás de la casa del genio del agua. Al cabo de algún tiempo, llegó a reunir en su cámara del tesoro toda clase de riquezas diversas, y un día se las enseñó, lleno de orgullo, a su amiga, la carpa Cipriana.

Cipriana inspeccionó por todos lados aquellos objetos. Luego, torció el gesto burlonamente y apuntó:

—Todo esto es estupendo, hijito... Pero ¿qué vas a hacer, por ejemplo, con un jarro sin fondo? ¿Y con aquel gancho para remover carbón que está completamente oxidado y viejo? Veo que tienes también un zapato para el pie izquierdo, lleno de agujeros. ¿Y con aquellas botellas de cerveza, de las que tienes por lo menos varias docenas, como si esto fuera un almacén?

—Botellas de cerveza encuentro bastante a menudo, aunque la mayoría están rotas —dijo el geniecillo del agua—. Pero no me importa y las recojo.

—¿Y... para qué..., si me permites que te lo pregunte? —inquirió la carpa Cipriana.

—¿Para qué? —repitió el geniecillo del agua, sorprendido.

Nunca se le había ocurrido pensarlo. Precipitadamente, buscó la respuesta. Aún estaba buscándola cuando comentó Cipriana:

—Bueno, mira, eso nos pasa a todos. Ahora ni siquiera tú sabes por qué recoges todos esos trastos. Sí, trastos inútiles que deberías tirar, deshacerte de ellos.

—¿Tirarlos? —protestó el geniecillo del agua, enfadado—. Mira, ¡déjame en paz!

—¡Está bien! No me meto. Es cosa tuya. Si te divierte coleccionar cachivaches, ¡allá tú! Yo no lo haría. Pero yo ya soy vieja. No estoy precisamente en el agua desde ayer.

Cipriana echó un par de burbujas para demostrar que no pensaba seguir hablando sobre el asunto, y se fue nadando, pues quería zanjar la cuestión.

El geniecillo del agua vio, lleno de rabia, cómo se alejaba.

—Puedes decir cuanto quieras —le gritó—, pero si me estropeas alguna de mis bonitas cosas, no terminarán bien tus días.

Sin decir más, el geniecillo del agua esperó la oportunidad dc poder convencer a Cipriana de que sus tesoros servían para algo.

No tuvo que aguardar mucho.

No habían pasado ni tres días cuando volvió a encontrarse a Cipriana. La anciana tenía una expresión muy irritada y burbujeaba continuamente. El geniecillo del agua no entendía lo que decía, pero distinguió con toda claridad que no se trataba de palabras amistosas.

—¡Cipriana! —le llamó—. Pero ¿qué te pasa?

—¡Ay! ¡Déjame! Estoy muy enfadada.

—Que estás enfadada pueden verlo hasta los ciegos. Pero ¿por qué?

—Por el individuo del anzuelo —explicó Cipriana jadeando indignada—. Es una vergüenza que no pueda una comerse a los hombres. Pero ellos sí a nosotros. Se sientan en la orilla y esperan a que alguien pique. ¿No tengo razón para ponerme enferma de indignación? ¡Yo me lo comería a él si pudiera!

—Tú no puedes comértelo —objetó el geniecillo del agua—, y yo tampoco. Pero… quizá pudiera hacerle algo…

—¿Sí? —preguntó la carpa Cipriana; y miró al geniecillo del agua dubitativamente—. ¿Qué puedes hacerle?

—Espera, espera y verás —contestó evasivamente el geniecillo del agua, pues quería dar una sorpresa a Cipriana.

La carpa hubo de enseñarle dónde se encontraba el anzuelo… Entonces, el geniecillo mandó a la anciana que nadase más cerca de la orilla y que, desde allí, estuviese atenta a lo que iba a ocurrirle al pescador.

—Por ahora no puedo adelantarte más —dijo guiñándole un ojo—. Es un secreto.

Así, pues, Cipriana nadó hasta cerca de la orilla y esperó. Miraba desconfiadamente al pescador, que sostenía la caña sobre el agua. Junto al hombre había un cubo del que, de vez en cuando, salpicaba agua fuera.

«Ya ha pescado a unos cuantos de nosotros —pensó Cipriana, horrorizada—. Debe ser muy desagradable estar chapoteando así en el cubo. Espero que no pique ninguno más...»

Pero apenas hubo pensado esto Cipriana, cuando, de pronto, vio cómo el hombre aguzaba la vista y se agazapaba. Luego, daba un buen tirón del sedal para echarlo hacia atrás.

¡Ay, Dios mío! ¡Aquel endemoniado tendría ya otro en el cesto! ¡Y uno de los suyos sería testigo de ello!

Al tiempo que describían un arco caña y sedal, algo salió volando hacia la orilla y cayó ruidosamente sobre la hierba.

El hombre se precipitó enseguida sobre su presa. Pero, ¡vaya!, sujeto al anzuelo no había un pez. Era...

La carpa Cipriana se quedó boquiabierta. ¡Era un zapato del pie izquierdo lleno de agujeros!

¡De verdad! ¡Un zapato del pie izquierdo, lleno de agujeros y de mugre, estaba enredado en el sedal!

Para la carpa Cipriana la luz se hizo entonces. Comprendió enseguida cómo había ido a engancharse el zapato en el anzuelo. Pero el hombre no lo sabía. ¿Cómo iba siquiera a suponerlo?

Primero se quedó desconcertado. Luego, se puso a echar pestes. Enfadado, desenredó el zapato y lo arrojó otra vez a la presa. Sacó una caja de hojalata de la caña de su bota, escogió una lombriz bien cebadita, la clavó en el anzuelo y volvió a echar al agua el cebo, el sedal y el anzuelo.

—¡Suerte! —burbujeó Cipriana—. Tengo curiosidad por ver lo que pescas esta vez.

Para variar, no fue un zapato. Lo que el hombre pescó un rato después fue un viejo y oxidado gancho para remover las brasas. ¡Cómo se enfadó! Aquello le gustaba mucho a la carpa Cipriana. Movía maliciosamente las aletas y pensó: «Amigo mío, se te acabó la alegría de pescar. Vamos a ver qué sacas la próxima vez...».

Siete veces más sacó el pescador el anzuelo del agua, y cada una de ellas con la cosa más endiabladamente inesperada. Después del gancho sacó una botella de cerveza vacía; y detrás de la botella de cerveza pescó una zapatilla desgastadísima. Seguidamente, les tocó el turno a un colador, una ratonera, un rallador y una pantalla abollada... Por último, del sedal colgó un jarro sin fondo dentro del cual se había metido el geniecillo del agua. Este se había encasquetado la roja caperuza hasta los ojos, y movía como un loco las piernas y los brazos. Al mismo tiempo, vociferaba:

—¡Fíui! ¡Pfui!

¡Parecía cosa de brujas!

Presa del terror, el hombre dejó caer la caña al suelo, y ¡pies para qué os quiero! Por el camino perdió la cajita de hojalata con las lombrices. Pero ni siquiera se dio cuenta. Corría como alma que lleva el diablo. Y sin volver la vista atrás, desapareció.

—¡Bueno! —exclamó alegremente el geniecillo del agua mientras se deslizaba fuera del jarro—. Espero que no volvamos a verle en mucho tiempo. ¿Qué opinas tú, Cipriana?

—Creo —respondió circunspecta la carpa— que lo has hecho estupendamente. ¡Un genio del agua mayor que tú no lo habría podido hacer mejor!

—Pero sin los cachivaches inútiles —apuntó el geniecillo del agua sonriendo y golpeando al mismo tiempo con los nudillos su jarro sin fondo— no hubiera sido tan fácil.

—¡Naturalmente! —admitió Cipriana—. Reconozco que tenías razón. Sigue seleccionando trastos viejos. Me guardaré muy mucho de volverme a reír de tu afición.

—Con que lo reconozcas me contento. Ahora voy a la orilla nadando para desfogarme.

—¿A la orilla? —preguntó asombrada Cipriana—. ¿Qué vas a hacer allí?

—Primero, romper la caña de pescar —le aclaró el geniecillo del agua—. Segundo, volver a echar a la presa a los pobres peces que chapotean en el cubo… Y tercero…

—¿Y tercero?

—Tercero, quiero recoger la caja de hojalata que ha perdido ese pescador y ofrecer a una tal Cipriana las lombrices que queden dentro.

—¡De ninguna manera! —exclamó emocionada Cipriana.

—¡No faltaba más! —replicó el geniecillo del agua—. Y espero que te gusten.

Adaptación de *El geniecillo del agua*, Otfrield Preussler, Ed. Noguer, Col. Mundo Mágico.

11

El último vampiro

La familia Hollins decide ir de vacaciones haciendo acampada por los principales países de Europa. Pero se pierden, y la noche les obliga a acampar en pleno bosque. A la mañana siguiente, descubren que han montado la tienda cerca de un castillo. Solo Henry, el hijo, parece percatarse del peligro.

Henry Hollins se puso en camino para inspeccionar el castillo Alucard. Su mano temblaba ligeramente en el fondo del bolsillo, aferrada a la cabeza de ajo, pues sabía que los vampiros tenían miedo al ajo.

Henry estaba seguro de que, en alguna parte del castillo, había escondido un vampiro. ¿Quién si no tocaba el violín la noche anterior? ¿Quién si no había encendido la lámpara de aceite o la vela que su padre aseguraba haber visto? Desde luego, no un ser humano normal y corriente, porque el patio del castillo estaba tan vacío y deshabitado a la luz de la mañana como con las alargadas sombras de la noche. Todas las puertas y ventanas estaban perfectamente cerradas, de modo que empezó a dar vueltas en busca de otra forma de entrar.

Estaba seguro de que este fue el castillo de Drácula. Había descubierto que Alucard leído al revés era Drácula. Además, estaban las figuras esculpidas en los pilares de la entrada y repetidas en el patio. Y ahora se dio cuenta de que no eran pájaros, como pensó en un principio, sino murciélagos. Vampiros, eso eran. Por fuerza tenía que ser un castillo de vampiros. [...] Un repentino revoloteo, como una ráfaga de alas surgida de entre sus pies, dejó a Henry inmóvil como un bloque de piedra, a la vez que el corazón le latía violentamente en la garganta.

Luego se dio cuenta de que el batir de alas era producido por algo tan poco siniestro como una perdiz que estaba incubando sus huevos y cuyo nido había estado a punto de pisar. Henry lanzó un largo suspiro de alivio mientras contemplaba cómo el pájaro ganaba altura y se alejaba hacia el campo. Luego, también él prosiguió su exploración.

En el castillo no había ninguna puerta, exceptuando las del patio. Los altos y gruesos muros se elevaban hasta las torres y torretas que dominaban el edificio. Incluso las ventanas más bajas estaban demasiado altas para él y, aunque estuvieran a su alcance, eran demasiado estrechas para que Henry pudiera pasar por ellas.

Pensó que era imposible encontrar una entrada. En cuanto completara su vuelta alrededor del castillo abandonaría la búsqueda y se iría a jugar a la cantera o al río. Pero, en el mismo instante en que tomó esta decisión, descubrió algo que no había visto antes. Se trataba de una estrecha y desgastada escalera de piedra que conducía a una oscura puerta situada bajo el nivel del suelo.

Tenía una anilla de hierro oxidado que hacía las veces de picaporte. Los intentos de Henry por abrirla con una sola mano resultaron inútiles. Tuvo que usar las dos manos para girar la anilla de hierro. El pestillo chirrió y la puerta se abrió lentamente.

Una oleada de aire frío y húmedo, que olía a cerrado, le embistió nada más entrar. Era una especie de bodega amplia y vacía, con techo abovedado, que se perdía hasta donde alcanzaba la vista, en siniestros rincones envueltos en sombras.

—¿Hola? —llamó, avanzando nerviosamente un paso sobre las losas desiguales del pavimento.

Nadie le contestó. «Y allí no sonó respuesta alguna», musitó para sí mismo, pero no consiguió recordar de dónde era la cita. Avanzó otro paso más. La puerta por la que había entrado se cerró sola, dejando la estancia en la más completa oscuridad.

Henry se disponía ya a volver sobre sus pasos cuando entrevió otra escalera, esta vez de subida. En lo alto se distinguía un fino rayo de luz por debajo de una puerta que debía dar a las habitaciones de la planta baja. Sus pies subieron los gastados escalones, y apareció en un gran comedor de techo altísimo y paredes de piedra, que parecía en desuso desde hacía años. De una galería colgaban varias banderas descoloridas y rotas. En el centro de la habitación había una larga mesa con dos candelabros de plata cubiertos de telarañas. Los asientos de las veintitantas sillas que rodeaban la mesa estaban tapizados de finísimo brocado y los respaldos eran de madera primorosamente tallada, adornados todos con una gran «D».

—¡D de Drácula! —se dijo, a la vez que se le erizaba el vello de la nuca y la sangre corría precipitadamente por sus venas.

Entonces miró hacia arriba y le pareció ver algo que se movía en la galería. No estaba aseguro, pero parecía una mancha negra y escarlata, como si algo o alguien se escondiera tras un arco.

—¡Eh! ¡Alto ahí! —llamó Henry—. ¡Espere un momento!

Pero nuevamente no escuchó más que silencio, roto tan solo por una rata que roía algo en la gran chimenea del comedor.

En un rincón de la habitación había una escalera de caracol que parecía llevar a la galería. Henry cruzó corriendo el comedor y subió los escalones de dos en dos.

La escalera de caracol le llevó efectivamente hasta la galería y cruzando el arco tras el que había desaparecido el misterioso personaje descubrió otra escalera de caracol, más estrecha que la primera, al final de la cual se encontró en una habitación circular de piedra.

—¡Esto sí que es raro! —se dijo al ver que no había nadie en la habitación. Hubiera jurado que la persona, o lo que fuera, que vio desde el comedor subió a donde ahora se hallaba. No había ninguna salida, excepto una ventana demasiado estrecha para que nadie pudiera pasar por ella. Henry frunció el entrecejo y luego dejando a un lado el enigma que le preocupaba, examinó el lugar.

La habitación circular estaba llena de muebles antiguos pero confortables y, curiosamente, recordaba a los viejos dormitorios victorianos. Había un voluminoso butacón junto a la chimenea, una silla, una mesa, una cómoda y un gran armario. Y lo que era más interesante: la habitación había sido usada recientemente. Sobre la mesa había una palmatoria con una vela medio gastada y las cenizas de la chimenea demostraban que había sido utilizada la noche anterior. Henry descubrió también una mesita, medio escondida tras el butacón, en la que había una vieja gramola con una enorme trompa y un disco ya puesto en el plato.

Henry, picado por la curiosidad, dio cuerda al gramófono y, cuando el plato empezó a girar, levantó la aguja y la colocó en el surco del disco.

Era claro que la música que su padre había oído la noche anterior venía de esta habitación, y la vela medio gastada explicaba la luz que su padre afirmaba haber visto.

¿Pero quién o qué, o dónde, estaba la misteriosa persona, o lo que fuera, que había puesto en marcha el gramófono? Henry estaba seguro de haberla visto fugazmente en la galería del comedor.

Henry apagó el gramófono. Se disponía a abandonar la estancia cuando vio la tela negra ribeteada de escarlata asomando entre las puertas del armario. ¡Allí había alguien escondido!

Henry tragó saliva dos veces consecutivas. ¿Qué haría a continuación? Ahora que ya casi estaba frente a la misteriosa persona, Henry se sintió atenazado por el miedo. ¿Debía seguir hasta el fondo, abrir el armario y enfrentarse a lo que allí hubiera? ¿O era mejor salir de puntillas y contar lo que había visto a sus padres?

Era una decisión difícil. Pero no tuvo que tomarla, porque la puerta del armario se abrió lentamente, empujada desde dentro.

—Espero que te des cuenta de que esto es una propiedad privada.

El hombre que habló, y que acababa de salir del armario, era alto, delgado, y tenía una cara larga y pálida, de triste expresión.

Llevaba el negro pelo peinado hacia atrás y tenía los ojos bordeados de rojo. Vestía traje negro, camisa almidonada, y lazo negro al cuello. Un medallón de oro colgaba de una cadena sobre su pecho y se cubría los hombros y la espalda con una capa negra con vueltas escarlata. Era evidente de quién se trataba.

—Yo sé quién es usted —dijo Henry con la voz más firme que pudo poner, y apretando con fuerza el ajo que llevaba en el bolsillo—. Usted es el conde Drácula.

—No, no lo soy —dijo el hombre.

—¡Sí, sí que lo es! No me puede engañar.

—No te engaño —dijo el hombre—. Yo soy conde, en efecto. Pero no soy el conde Drácula. Soy el conde Alucard.

—Alucard —replicó Henry— es Drácula al revés.

—¿De verdad? —dijo el hombre—. ¡Esto sí que es grande, nunca me había dado cuenta! [...]

—Pero si usted no es el conde Drácula, ¿por qué está solo, escondido en este castillo? —preguntó Henry—. ¿Y por qué tiene todas las puertas y ventanas cerradas a cal y canto?

El conde hizo una pausa, luego cambió de tema:

—¿Te gusta la música de violín? —preguntó.

Henry, se encogió de hombros y dijo:

—A veces.

—¡Bien! —dijo el conde.

Dio la vuelta al disco, hizo girar la cuerda y colocó la aguja en el surco. Los suaves compases del violín invadieron nuevamente el aire. El conde escuchó con la cabeza inclinada, una melancólica expresión en el rostro, y luego miró fijamente a Henry como preguntándose si decirle o no una cosa. Por fin lo hizo.

—Nos cambiamos de nombre, ¿sabes?

—¿De Drácula a Alucard? —preguntó Henry.

El conde asintió:

—Mi abuelo fue el último de los Drácula. Están todos enterrados en una tumba en alguna parte del castillo. Por lo menos, ahí están sus esqueletos. Cada uno en su ataúd. Cada uno de ellos tiene una estaca clavada en el pecho, ¿sabías que esa es la única forma de matar a un vampiro?

Henry afirmó con la cabeza. Lo había visto una vez en una película de terror que echaron por la tele.

—Y si alguien saca la estaca, el vampiro vuelve de nuevo a la vida —dijo.

El conde Alucard asintió:

—Mis antepasados no volverán nunca a este mundo —dijo—. Nadie sabe dónde están enterrados. Ni siquiera yo. Es un secreto. Llevan montones de años muertos y olvidados...

Hizo una pausa, suspiró y luego añadió:

—¡Muertos y olvidados, todos los Drácula!

—¿Quiere usted decir —preguntó Henry—, que no se convierte en vampiro y va por ahí chupando la sangre de la gente?

El conde puso cara de disgusto.

—¡Desde luego que no! —dijo—. ¡Qué espanto de idea! De vez en cuando me transformo en murciélago, pero ni se me pasa por la cabeza chuparle la sangre a alguien. De hecho, soy vegetariano.

Henry se echó a reír.

—¿Quién ha oído hablar de un vampiro vegetariano? —dijo.

—¿Nunca has oído decir que los murciélagos comen fruta?

—Bueno, eso sí —admitió Henry.

—Yo me convierto en uno de ellos —dijo el conde y, a continuación, su rostro se iluminó—. Me encantan las naranjas —dijo—. No es que le haga ascos a una ciruela o a un exótico plátano, pero las naranjas me vuelven loco. ¿No llevarás alguna en el bolsillo, por casualidad?

Henry negó con la cabeza y dijo:

—Solo llevo la cabeza de ajo.

—Déjalo —dijo el conde, nuevamente asqueado.

—Pero sigo sin comprender —dijo Henry—. ¿Si usted no va por los alrededores asustando a la gente y causando desgracias, por qué está aquí escondido?

—¿Y dónde puedo ir? Es el único sitio que conozco —dijo el conde—. Y he de esconderme a causa de ellos.

—¿Quiénes son «ellos»? —preguntó Henry.

—Hay todo un pueblo lleno de gente al otro lado de la montaña. ¡Un montón de supersticiosos! Si sospecharan siquiera que estoy en la zona, vendrían cargados con horcas y guadañas y esa clase de cosas, todo pincho u objeto afilado que encuentren.

—¿Pero, por qué? —preguntó Henry, intrigado—. ¿Y para qué?

—Porque son así —dijo el conde Alucard, sombrío.

—¿Y si les explicara usted que es vegetariano? —dijo Henry.

—¡Explicarles! —el conde Alucard lanzó una carcajada hueca—. No me darían posibilidad de explicar nada. Tendría una estaca clavada en el pecho antes de poder decir «el monstruo de Frankenstein» —el conde Alucard suspiró de nuevo y sus dedos se agitaron con tristeza—. A veces se siente uno muy solo siendo un vampiro —dijo.

—Apuesto a que sí —dijo Henry—. Me gustaría poderle ayudar.

El conde Alucard y Henry se sumergieron en sus propios pensamientos. El gramófono había dejado de sonar hacía ya rato pero ninguno de los dos parecía notar que se había acabado la música. El disco seguía girando, lentamente, en el plato. Solo se oía el agudo chisporroteo de la aguja en el surco.

Willis May, *El último vampiro*, Ed. Noguer, Col. Mundo Mágico.

La vampira Cuchufleta

La vampira Cuchufleta
se aburre como una seta.
Cuando menea la capa,
un bostezo se le escapa.

No vi, jamás en la vida,
vampira más aburrida.
En su nariz, mientras vuela,
teje una araña su tela.

Se aburre tanto hasta el alba...
Más que un piojo en una calva.
Más que una almeja en el mar.
¡Y bosteza sin parar!

Ya en su boca se han colado
un mosquito atolondrado,
tres moscas y un abejorro,
que estaban jugando al corro.

Lleva más de siglo y medio
aburrida sin remedio.
Hasta que un martes de junio,
con la luna en plenilunio...

Al aterrizar se lía:
se da con la estantería
y un libro se cae al suelo.
¡No la aplasta por un pelo!

Cuchufleta, sin querer,
baja y se pone a leer.
Pasa las hojas deprisa,
le entra un ataque de risa...

¡Menudo descubrimiento!
Lee un cuento y otro cuento
hasta las seis o las siete.
¡Lo pasa de rechupete!

Ahora, ¿sabéis qué ocurre?
Cuchufleta no se aburre.
Ya incluso lee, feliz,
la araña de su nariz.

Carmen Gil,
en www.poemitas.com

Goma de borrar

Borro nubes negras
para ver el sol,
edificios grises
para ver el mar.
Borro el agua sucia
de los ríos,
las heridas de los bosques
las borro para respirar.
Luego limpio con los dedos
el paisaje y tiro,
al cubo de la basura,
todas las virutas
de mi goma de borrar.

Juan Carlos Martín Ramos, *La alfombra mágica,* Ed. Anaya.

La huida del pintor Li

He aquí la curiosa historia de Li-Chen-Jao; el pintor chino que, en tiempos ya lejanos, huyó del palacio imperial sin que nunca más se haya vuelto a saber de él.

Li nació en un lugar de una región húmeda y verde. Su vida de niño había sido alegre entre prados y blancos árboles floridos. ¡La aldea, su dulce aldea, sus viejos padres campesinos, el río transparente entre cañaverales de bambú!... Aquello era todo su gozo y toda su vida. Hasta cuando dormía sonreía soñando la luz de cristal del campo.

Desde muy pequeño dibujaba los peces y los pájaros en las piedras lavadas del río, y los rebaños y los pastores en las maderas de los establos. El yeso y el carbón eran lápices mágicos en sus manitas de niño.

Li creció. En las aldeas y en los pueblos próximos todos hablaban de Li. Mucha gente venía por los caminos para ver las pinturas del joven artista. La fama de su mérito fue creciendo, creciendo hasta llegar al palacio del Emperador.

El Emperador llamó a Li. Se arrodilló Li tres veces ante el Hijo del Cielo, y tocó tres veces el suelo con su frente. El Emperador le dijo:

—Te quedarás aquí y trabajarás para adornar los corredores y salones del palacio. Ya he mandado prepararte en una de las salas tu taller bien provisto de colores y lacas y ricas maderas. Tu vida cambiará desde hoy. Ya no volverás allá donde naciste.

Li estaba triste. Ya no podría ver su casa en la dulce aldea blanca de árboles floridos a la orilla del río transparente y manso. Tendría que contentarse con soñar la alegría del campo en las cerradas salas del palacio guarnecido de barbados dragones de piedra.

Trabajaba sin descanso para agradar al Emperador. Sus pinturas llenaban los biombos lacados, las puertas de madera y de hierro y los muros de los templos y salones imperiales. Pero su pensamiento volaba a las bellas tierras húmedas donde había vivido feliz.

Un día Li pintó un gran cuadro maravilloso: el transparente cielo de su infancia, el campo de prados, el puentecillo de estacas en el río bordeado de bambúes, la blanca aldea a lo lejos entre vuelos de patos salvajes, un rojo sol de aurora y un verde limpio de hierba húmeda.

Un gran cuadro maravilloso. Acudían a verlo príncipes y mandarines. Colgado en un lujoso salón del palacio, parecía una ventana abierta en el recio muro frente al más delicioso y sereno paisaje campesino.

Li había hecho su mejor obra; la que llevaba siempre en su pensamiento y en sus sueños. A él no le parecía una pintura de su país, sino su país mismo recogido en el cuadro como un milagro. Por eso se habría pasado horas largas frente a él, aspirando su aire limpio y fragante; pero el pintor esclavo no podía entrar en las grandes salas destinadas a fiestas y recepciones de príncipes y nobles. Él había de vivir trabajando en su taller, olvidado de todos.

Li espiaba siempre para poder ver su cuadro a través de las puertas entreabiertas. Y un día, ausentes un momento guardianes y criados, entró muy despacio, descolgó el campo verde y se lo llevó por corredores oscuros para esconderlo en su taller donde podría contemplarlo ilusionado.

La voz de alarma resonó imponente en el palacio y se extendió por toda la ciudad. La pintura maravillosa había desaparecido. El Emperador estaba furioso y amenazador. Mil soldados buscaron al ladrón. Llegaron a todas las casas y a todos los rincones. Por fin hallaron el cuadro en el taller de Li, escondido entre tablas y lienzos.

El Emperador mandó encarcelar a Li y le ordenó que siguiera pintando cuadros en la prisión para adornar su palacio.

Li no podía pintar. Le faltaba luz a sus ojos y le faltaba alegría a su corazón.

Entonces lo llamó el Emperador y le dijo:

—Vendrás otra vez a vivir y a trabajar en palacio. Para que te contentes te dejaré a solas con tu cuadro unos momentos cada día; pero si intentas algo que pueda enojarme serás castigado sin compasión.

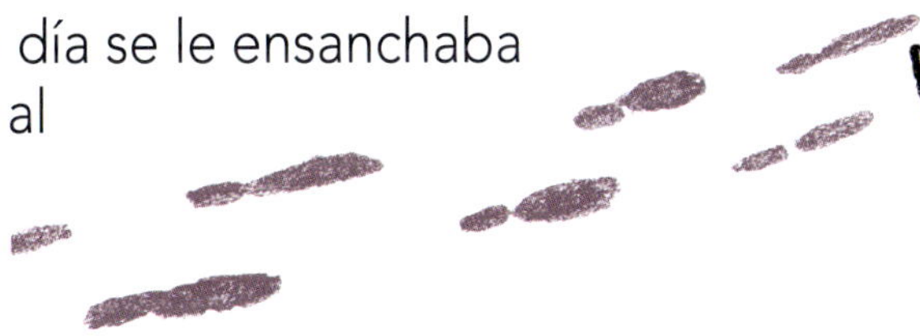

Li continuó su trabajo. Cada día se le ensanchaba el alma de esperanza frente al campo libre de su verde país. Después, seguía sufriendo la pesada tristeza del palacio imperial.

Un día ya no pudo resistir más. Se encontraba solo en la amplia sala, ante el paisaje suyo, mirándolo con grandes ojos muy abiertos. Su aldea, su aldea verde y luminosa; ancho el campo para correr sin llegar al fin, para tragar el aire filtrado por los sauces, para abrazarse a los árboles, para cantar con el viento y oír su murmullo en los cañaverales de bambú..., para huir de este otro mundo negro y pesado como una cárcel. Sí, ancho el campo, allí cerca, blando de prados, para pisarlos, para correr allá con los brazos abiertos como alas... Y Li se acercó, se acercó, dio un pequeño salto, se metió en el cuadro, en el campo, en los prados, sin buscar los caminos, corriendo, corriendo, sin descanso, alejándose, haciéndose poco a poco pequeño, pequeño, pequeñito... hasta perderse en el horizonte azul.

Cuando los guardianes entraron para retirar a Li no lo encontraron. El Emperador se enfureció. Era imposible que hubiera salido de allí sin ser visto. Un sabio mandarín encontró la explicación del misterio. Li había huido por el cuadro, metiéndose y corriendo por el paisaje que había pintado. Aún se veían las huellas de sus pisadas en la hierba húmeda de los prados.

Herminio Almendros, relato contenido en *Pueblos y Leyendas*, Ed. Teide.

12

El aprendiz de mago

La primera vez que supe del mago fue cuando leí en el periódico que había muerto. En la esquela ponía:

Aunque no lo conocía personalmente, sabía que vivía en una vieja casa del barrio. Llevaba instalado allí más de un año, pero ningún vecino lo había visto nunca. El mago vivía totalmente retirado.

Al leer la esquela me pareció que era una pena que hubiera muerto un auténtico mago, y también lo sentí mucho por los conejos y las palomas.

Pude ver a los animales claramente ante mí. Las palomas posadas en la chistera, derramando pequeñas lágrimas de paloma, y los conejos, tristes, se lamían sus blancas patas ante el ataúd.

De pronto se me ocurrió algo: ¿Quién pondría a las palomas agua fresca y maíz? ¿Quién daría hierba a los conejos y los acariciaría?

Tan cierto como que me llamo Max que no podía dejar que aquellos pobres animalitos sufrieran. Me encantan los animales. Mi padre es propietario de una tienda de animales y dice que yo tengo muy buena mano con ellos, que puedo cuidar de cualquier animal.

Sé que eso es cierto, y fue lo que decidí hacer.

El mago había vivido en una casa destartalada con un jardín descuidado. La maleza rodeaba la vieja casa y los árboles parecían caer sobre ella. Me metí por entre unos tilos. Los gorriones trinaban en los árboles y entre las hierbas destacaban esas flores amarillas que se llaman dientes de león.

«Aquí los conejos tendrían comida suficiente», pensé.

Arranqué un puñado de dientes de león y de hierba.

En la puerta de la casa había un cartel con un retrato del mago. Llevaba un frac negro y una larga capa roja. Su bigote era pequeño y fino, y sus ojos parecían ascuas. Hacía un gesto propio de espectáculo de magia y sostenía en la mano su chistera negra. A su alrededor revoloteaban unas palomas blancas.

Contemplé el cartel más de cerca. El texto no estaba impreso. Lo había escrito, pura y simplemente, con un lápiz.

En el cartel el mago daba la sensación de ser alguien impresionante y peligroso: el maestro de magos.

Giré con cautela el pomo de la puerta. Estaba abierta.

Respiré profundamente y noté que me sudaban las manos. ¡Estaba loco! ¿Cómo me atrevía a entrar así, sin más ni más, en la casa de un mago? Pero entonces pensé en los pobres conejos y en las palomas y me decidí.

Entré.

No era una casa normal y corriente. Allí solamente había utensilios de magia. En mitad del suelo encontré una caja grande, una de esas en las que se mete a una señora y se la sierra después. Había además esqueletos de cartón, cuerdas y mesas pequeñas con tapetes de terciopelo negro que llegaban hasta el suelo. También pude ver barajas de cartas por todas partes y pequeñas bolas rojas que los magos hacen desaparecer y aparecer.

En la pared colgaba un extraño reloj con manillas que marcaban números muy raros: una apuntaba al veintiséis y la otra al número setenta y cuatro. Pero lo más extraño era que el segundero se movía hacia atrás. Cuando lo miré fijamente, empezó a moverse más rápido. Tal era su velocidad que parecía trazar un círculo rojo y amarillo, al tiempo que se escuchaba un sonido metálico. Comencé a sentirme mareado. Muy cansado, realmente mareado.

¿Dónde me encontraba?

¿Qué me estaba sucediendo?

Al lado del reloj había un espejo y me miré en él. Los ojos eran grandes y redondos, casi como dianas para lanzar dardos.

Me sentía tan extraño... Ya no era yo mismo.

Tuve que sentarme en una silla. Sobre la mesa había una taza y una tetera humeante.

«¿Cómo puede estar muerto un mago», pensé, «y al mismo tiempo tener su té caliente sobre la mesa?»

De pronto oí el arrullo de las palomas en la habitación de al lado y fui a ver a los animales. En el suelo saltaban dos conejos.

—Aquí os traigo algo de hierba —les dije.

Los conejos se acercaron hasta mí y comieron de mi mano. Les acaricié el lomo.

Entonces oí una voz ronca a mis espaldas.

—¡Conejos, transformaos en leones!

Y de pronto crecieron bajo mis manos. En un segundo me encontré entre dos enormes leones. Abrieron sus fauces y rugieron con tal fuerza que me temblaron las orejas.

Pero a mí no me asustan los leones. Si un león sabe que uno no es peligroso, él tampoco lo es.

Yo no debo temerlos, ya que tengo muy buena mano con los animales, aunque ahora las manos me sudaban un poco.

Además, tengo un truco para cuando de pronto me encuentro como un bocado entre dos leones. Simplemente, pongo la mano entre los ojos del león y le digo con voz suave:

—Tranquilo, así, buen chico, tranquilo.

A lo mejor suena infantil, pero funciona. Ahora puse una mano entre los ojos de un león, y la otra, entre los del otro.

—Tranquilos, así, buenos chicos —les dije con mi voz más suave y tranquilizadora.

Y los leones se calmaron inmediatamente con mi contacto. Un león no es más que un gato grande, y también se le puede hacer ronronear.

—Es una pena, porque solamente os he traído hierba. No me he acordado de traer comida para leones.

Entonces volví a oír que alguien murmuraba y hablaba consigo mismo justo a mi lado.

—¡Hummm...!, el chico es perfecto —decía la voz—. Tiene un espíritu amable y es modoso como pocos. Me servirá como ayudante.

¿Quién podría ser? ¡El mago había muerto!

Los leones se hicieron pequeños como conejos y estaban en el suelo intentando comer la hierba que les había llevado.

—Mi nombre es August J. Medardus —dijo la voz—. Y tú vas a ser... a ser... mi ayudante.

Estaba delante del mismísimo mago. Era alto y delgado, muy delgado. Tanto que podía meterse por la estrecha abertura de la puerta entornada. Pero no era tan elegante como en el cartel. Sí, llevaba frac y capa, pero sus ropas estaban arrugadas.

El bigote era largo y ralo y colgaba como unas plumas recién mojadas. No estaba sosegado y seguro de sí mismo como suelen estar los magos. Había en él algo de salvaje. Yo estaba tan sorprendido que no pude decir ni una palabra.

Entonces el mago volvió a pensar en voz alta, así que pude oírle decir:

—Humm, el chico duda. ¿Por qué no querrá ser mi ayudante? Voy a cerrar la puerta a ver si eso lo asusta.

Cruzó la habitación, cerró la puerta e hizo girar la llave.

Yo lo observé.

—Humm —se dijo—. El chico no parece asustarse. Trataré de convencerlo de que sea mi discípulo. Podría enseñarle mi arte y así me ayudaría a solucionar mi problema.

Pensaba todo el tiempo en voz alta, y no parecía darse cuenta.

—Yo no quiero ser ningún ayudante —le contesté—, pero me gustaría aprender magia.

—¡Estupendo! —exclamó el mago—. Tú, joven, serás desde ahora mi discípulo. Nos tutearemos. ¡Ta-tarará! ¡Bienvenido a la compañía de August J. Medardus!

—Yo me llamo Max —dije—. Soy muy bueno cuidando animales.

—Ya lo he notado. ¡Humm..., humm! —dijo él.

Tenía una forma muy curiosa de hablar. Entre las palabras mezclaba continuamente otros sonidos, como «humm», «ta-tarará» y «ejem».

Y de pronto la habitación se llenó de pequeños estallidos y fuegos artificiales. Era la forma que el mago tenía de darme la bienvenida.

Ese fue el día en que conocí al mago y me convertí en su discípulo.

Ulf Nilsson, *El aprendiz de mago*, Ed. SM, Col. El Barco de Vapor.

En el sombrero del mago

Las palomas se han dormido
y los conejos bostezan.
Las cintas de colorines
—serpientes raras—
ya sueñan.
Los guantes de luz y espumas
en el fondo
se nos quedan.
(El sombrero, así, tranquilo,
parece guardar
estrellas.)
Toda la magia encerrada
está en él,
hecha sorpresas.
Toda la magia, dormida,
¡ten cuidado,
que despierta!

Norge Espinosa

El hombre invisible

Yo soy poco más que una bufanda,
una chaqueta,
un abrigo,
una maleta
y unos guantes
(elegantes)
de calceta.
Y si miras debajo de mi abrigo,
ves dos metros de fantasma reluciente.
Ves setenta kilogramos de aire fresco.
Dos brazos y dos piernas transparentes.
Una nada con sombrero azul marino.
Una sombra que no sale en los espejos.
Una brisa.
Un reflejo.
Un agujero.
Una nada.
¡Yo soy eso!

Pedro Mañas Romero

Los tres deseos

De todo lo que yo quiero,
¿qué es lo primero?
El aire, que no se ve.
La luna, que no se alcanza.
El mar, que nadie domina.
El día, que entra en mi casa.
De todo lo que yo busco,
¿qué es lo primero,
qué es lo segundo?
Aprender lo que no sé.
Atrapar lo que se escapa.
El canto de una sirena.
El murmullo de una plaza…
Si de todos mis deseos
solo puedo pedir tres,
ni el primero ni el segundo,
ni el tercero sé cuál es.

Juan Carlos Martín Ramos, *La alfombra mágica*, Ed. Anaya.

Señales de humo

Para que vuelen las palabras,
escribo en el aire
con señales de humo.
Para decirte dónde voy,
escribo en el barro del camino
con mis huellas.
Para que encuentres mi casa,
escribo desde lejos
con bandadas de palomas.
Para que sepas quién soy,
en la palma de tu mano escribo,
con la punta de los dedos,
mi nombre de letras invisibles.

Juan Carlos Martín Ramos, *La alfombra mágica*, Ed. Anaya.

El cazador de sombras

En el reino de Harüm (Arabia) vivía el joven Hakim, hijo único de unos ricos nobles.

Tenía cuanto deseaba, y su única preocupación consistía en desear cada día algo nuevo. [...] En ocasiones, no había terminado de formular un deseo, cuando su padre corría a la calle para procurárselo. En suma, la vida de Hakim era un sueño hecho realidad, salvo por un detalle: nuestro protagonista no tenía amigos porque despreciaba a todo el mundo, pues nadie en la aldea poseía tantas riquezas como su familia.

En un principio, Hakim no le dio ninguna importancia al hecho de no tener amigos. Le bastaba con su camello veloz, con sus alfombras de rica seda y con su daga de plata. Y si su camello veloz dejaba de ser el más rápido o la hoja de su daga de plata se mellaba por el uso, se hacía comprar otro camello o una daga nueva. Hasta que un día, sin saber por qué, Hakim perdió el deseo por poseer nuevas cosas y el aburrimiento se apoderó de su alma. Nada le hacía sonreír ni le divertía. Aumentó su desprecio hacia los demás, sobre todo por aquellos que vivían felices, e ideó varias diversiones encaminadas a terminar con su tedio a base de fastidiar al prójimo. [...] Pero ni siquiera fastidiando a los demás lograba Hakim ser feliz.

Así estaban las cosas, cuando un mediodía, al montar en su camello veloz, Hakim descubrió que no tenía sombra, que había desaparecido. Ni que decir tiene que, después del agua, nada vale más en el desierto que una sombra. La única compañía que tiene una persona cuando camina sola por el desierto es su sombra. A ella le puede preguntar la dirección a la que se dirige y también la hora, según la altura del sol. En los brazos de una sombra se cobija para descansar, y bajo la sombra constelada de estrellas del cielo duerme cuando el sol se oculta. [...]

Hakim se quedó aterrorizado y pidió ayuda dando grandes gritos, pero nadie acudió en su auxilio, pues todos le temían. Su padre, al enterarse, le prometió comprarle una sombra nueva.

El padre de Hakim, después de recorrer el reino de norte a sur y de este a oeste, descubrió que las sombras están hechas a la medida de cada uno de nosotros y que no pueden adquirirse en los puestos del bazar. Fue entonces cuando decidió llevar a su hijo ante la maga del reino, una mujer tan sabia como extravagante, a la que los más pequeños llamaban El Hada Majara. Era esta una anciana que iba tocada con un sombrero de estrellas y vestía una túnica con los colores del arco iris, y que viajaba de un lado a otro en compañía de una enorme bolsa de cuero parecida a un acordeón en la que, según todo el mundo, guardaba su magia. Había quienes la habían visto sacar de ella una fuente de agua cristalina, alfombras voladoras y hasta una locomotora. [...]

Cuando Hakim llegó a la consulta de la maga [...] estaba abatido, había dejado de comer y apenas era capaz de pronunciar palabra. Lo único que deseaba de verdad era que su sombra regresara a su lado. Se sentía solo.

—Si queréis mi consejo antes tendréis que adivinar qué palabra tengo en la punta de la lengua —inició la conversación la maga—. Os daré alguna pista. Parece que tenga dentro un bogavante, su piel es de ante y es vaga y superlativa al mismo instante.

Hakim miró a la maga con desprecio. Pero su padre contestó a la adivinanza:

—Extravagante, la palabra que tienes en la punta de la lengua es extravagante.

—¡Bravo! Extravagante es la palabra, yo soy extravagante, y tú vienes a mí como un náufrago navegante en compañía de un joven tunante. ¡Adelante! ¿A qué esperáis para hablar? —intervino la maga.

—Se trata de mi hijo. Ha perdido su sombra. Y digo yo, ¿no asegura un proverbio de nuestra tierra que un hombre no puede saltar fuera de su sombra? ¿Cómo es posible entonces que la sombra de mi hijo haya desaparecido? —expuso el padre de Hakim.

—Así es, un hombre no puede saltar fuera de su sombra, pero, en cambio, una sombra puede alejarse de su dueño si su comportamiento no ha sido el más correcto —explicó la maga. Y luego, añadió:

—A ver, joven, enséñame los dientes. [...]

A Hakim le molestaba hacer lo que le pedía, pero tenía que hacerlo si quería recuperar su sombra. La maga examinó los dientes, los vio llenos de caries, y le dijo:

—Tus caries me indican que no compartes los caramelos o los dulces que comes. Es decir, solo te preocupas de ti, de tu bienestar [...] eres un gran egoísta. El mayor de este reino. Tanto que ni siquiera tu sombra quiere vivir a tu lado. Sin duda se trata de un asunto grave —diagnosticó la maga.

—Que a buen seguro podremos solucionar con una bolsa de oro —observó el padre de Hakim.

—Me temo que en este caso tu oro no te servirá de nada —añadió la maga.

—He oído decir que guardas toda clase de prodigios dentro de tu bolsa. Incluso alguna sombra. Ponle un precio y lo pagaré —insistió el padre de Hakim.

—Nadie puede guardar una sombra. A veces se enfadan con sus dueños y vienen a hacerme una visita de cortesía, pero no hay quien les eche el guante. Son escurridizas como las serpientes y rápidas como los avestruces.

—Si fueras capaz de apresar una de esas sombras para mi hijo podría pagarte una enorme suma de monedas de oro —ofreció el padre de Hakim.

—Olvidas que soy maga y que puedo fabricar cuanto dinero necesite. Además [...] las sombras no se pueden intercambiar, y cada uno es responsable de la suya desde que nace hasta que muere. Así que ni yo puedo hacer nada por tu hijo, ni tú puedes comprar una sombra con tu oro. [...] Solo él puede poner los medios para que su sombra regrese a su lado.

—Pero, ¿cómo?

—Cambiando su forma de ser, su comportamiento. Para que tu hijo pueda recuperar su sombra tendrá primero que mirar dentro de sí. [...] Cada persona tiene otro desierto dentro de sí que ha de aprender a mirar con los ojos del alma.

—¿Y qué ha de hacer mi hijo para que los ojos de su alma se abran?

—Ha de adentrarse en el desierto, completamente solo, pues es en el desierto donde están las armas para vencer al desierto. Una vez allí, tendrá que aprender que el valor de las cosas materiales es relativo, y que desear demasiado no es bueno, porque a veces lo que se desea se obtiene, y eso nos convierte en esclavos de nuestros deseos —concluyó la maga. [...]

—La maga tiene razón —reconoció Hakim—. Mi corazón está vacío como el propio desierto. No solo he perdido mi sombra, sino también la ilusión por vivir. Ni siquiera ver correr a mi camello veloz me hace feliz. Al perder mi sombra he comprendido que no existe una vida más inútil que la de una persona sin corazón, y que la mayor desgracia de todas es tener un corazón vacío de amor. Haré todo lo que me diga.

—Solo llevarás lo indispensable, la ropa necesaria y un odre de agua. En cambio, no podrás llevar encima ni joyas ni dinero. Y, sobre todo, harás el bien siempre que la ocasión lo requiera, y le darás la espalda al mal en todo momento. Ese será tu camino —añadió la maga. [...]

Luego se dirigió al padre de Hakim y le dijo:

—Así aprenderá a administrar lo que lleva toda la vida derrochando. En caso contrario, cuando el agua se le acabe, tendrá que beber sus propias lágrimas.

Y de esa forma, Hakim se preparó para adentrarse solo en el desierto, sin otra compañía que una mochila con ropas y un odre lleno de agua.

Adaptación de un fragmento de *El cazador de sombras,* Emilio Calderón, Ed. San Pablo, Col. La Brújula.

¿Qué pasa en un libro cuando está cerrado?

Esta pregunta se hacía Bastian mirando el libro que tenía delante. Y pensaba:

… «dentro hay solo letras impresas sobre el papel, pero sin embargo… Algo debe de pasar, porque cuando lo abro aparece de pronto una historia entera. Dentro hay personas que no conozco todavía, y todas las aventuras, hazañas y peleas posibles… y a veces se producen tormentas en el mar o se llega a países o ciudades desconocidos. Todo eso está en el libro de algún modo. Para vivirlo hay que leerlo, eso está claro. Pero está dentro ya antes. Me gustaría saber de qué modo.»

Michael Ende, *La historia interminable*, Ed. Alfaguara.

¿Por qué nos molesta tanto?

Si conocer los errores
nos ayuda a ser mejores,
ya que no somos perfectos,
¿por qué nos molesta tanto
y a veces nos causa llanto
que digan nuestros defectos?

Carlo Frabetti, *Fábulas de ayer y de hoy*, Ed. Alfaguara.

13

El pirata John Buck tiene dos problemas

Se hacía llamar John Buck, porque ese era un magnífico nombre para un pirata, y no Arcadio García, como en realidad se llamaba, porque ese podía ser un buen nombre para un torero, para un fontanero o incluso para un bibliotecario.

Pero, desde luego, Arcadio García no era nombre de pirata.

Él era pirata porque su padre, su abuelo, su bisabuelo y toda su parentela lo habían sido, y no hubiera estado bien romper una tradición familiar tan arraigada.

Vivía en una confortable cueva del barranco de Cocentaina, comunicada con el pueblo por un caminito.

John Buck era bajito y regordete. Y tenía una pata de madera de carrasca, porque había perdido la pierna buena en una apuesta con su amigo George Silver, antiguamente llamado Jorge Argente, que ahora tenía tres piernas. George Silver caminaba de una manera espectacular y resultaba casi imposible tumbarlo de un puñetazo.

Pues bien, nuestro pirata estaba muy enfadado. Bueno, realmente estaba requeteharto. Y lo estaba porque tenía dos problemas gordísimos.

El primero era un problema energético: ¡no tenía luz eléctrica! Y no la tenía porque la Compañía Unión Eléctrica Catódica, la CUEC, a la que todos llamaban vulgarmente «la compañía del pato», le pedía un ojo de la cara por instalársela. Como todo pirata que se precie, John era tuerto, de manera que no podía prescindir de su ojo bueno.

Así pues, se tenía que conformar con medios de iluminación más antiguos. Pero, ¡claro!, si utilizaba velas, gastaba tantas que se le ahumaba la casa entera. Si iluminaba su cueva con lámparas de aceite, acudían las lechuzas y se lo bebían todo. Las pilas de las linternas, además de ser caras, se le acababan enseguida. Y el repartidor del camping gas no quería bajar al barranco porque le daban miedo los bichos que había por allí.

En fin, tenía que solucionar aquel problema de una manera u otra.

Seguramente os preguntaréis para qué necesitaba tanta luz un pirata. Buena pregunta.

Pues debéis saber que la principal afición de John Buck era la lectura. Leía enormes cantidades de libros, especialmente por la noche, ya que padecía de insomnio. La única manera de dormirse, aunque fuera a las tantas, era leyendo.

Leía casi de todo, aunque también tenía sus preferencias literarias. Le gustaban especialmente los relatos de piratas, pero también las novelas históricas y los libros de cocina.

Su segundo problema tampoco era moco de pavo. ¿Recordáis que tenía dos problemas, no?

Resulta que no tenía un tesoro. ¿Dónde se ha visto un pirata sin tesoro? Eso era como ser una morcilla de cebolla sin cebolla, o como una Caperucita sin lobo. ¡No, señor, eso no podía ser! También había que arreglar aquello.

Los dos problemas le preocupaban mucho a John Buck y, de vez en cuando, le costaban un viaje a la carpintería. Es que, cuando se enfadaba mucho, la emprendía a patadas con todo lo que encontraba y acababa astillándose la pata de madera.

Y, leyendo una receta de cocina, John Buck tuvo una gran idea. Se puso en contacto con el profesor Van der Plumcake y le encargó grandes cantidades de masa de buñuelos de viento. De este modo, fabricó un galeón pirata con el que subió hasta las estrellas.

Subió tan rápido y tan alto que a las pocas horas ya estaba en el cielo, donde cuelgan las estrellas. Entonces sacó de su bolsillo trasero el caza mariposas desplegable especial, fabricado con fibra de amianto, que es un tipo de tejido que no se quema. Y, una a una, atrapó todas las estrellas del cielo de Cocentaina.

Luego las metió en su cofre de tesoros, en compañía de las telarañas que lo llenaban.

Como las estrellas pesan bastante, pudo bajar hasta su casa en un periquete. Cuando el pirata saltó a tierra desde el galeón pirata, con su cofre bien repleto de estrellas, la nave alzó el vuelo a toda vela y se perdió en la noche.

«Lástima de nave, tan ligera como navegaba...», pensó el pirata.

Pero enseguida exclamó:

—¡Guau! ¡Yujujujujuiiiiiiii! ¡Por cien mil barriles de ron jamaicano!

Porque había solucionado los dos problemas que le obsesionaban en una sola jugada. Tenía el tesoro más brillante y más valioso que ningún pirata pudiera imaginar. ¡Y además, aquellas estrellas daban una luz magnífica!

Si quería una luz íntima, para leer o para escuchar la radio, cogía una estrella pequeñita y amarilla y la colocaba encima de la cabecera de la cama. Y si quería iluminar la casa entera como para una fiesta, repartía, aquí y allá, estrellas por todas las habitaciones de su cueva.

Carlos Cano, *El pirata que robó las estrellas*, Ed. Edebé, Col. Tucán.

El pirata tatuado

En el brazo del pirata
nada el tatuaje de un pez.
En la palma de la mano,
navega el barco
que nunca pudo tener.
Todo su cuerpo es un cromo,
lleva a cuestas mil historias
dibujadas en la piel.
Su bandera desgarrada
sobre el pecho,
el retrato de su loro
junto a un pie.
Pero, ¡ay, pobre pirata!,
el mapa de su tesoro
se lo han tatuado en la espalda,
y no lo ve.

Juan Carlos Martín Ramos

La duende Cata

Esta duende es Cata.
Quiere ser pirata
y, con barco y loro,
buscar un tesoro.
¡Se muere de ganas!
Pero sus hermanas,
que son más de cien,
quieren ir también.
Una vez a bordo,
el lío es muy gordo.
Dentro de la nave,
ni un alfiler cabe.
Se queja, risueña,
su hermana pequeña.
—¡Parecemos, Cata,
sardinas en lata!

Carmen Gil, *Versos de cuento*, Ed. SM.

El barco de los sueños

Da la luna en tu ventana,
¡ábrela de par en par!,
que tienes hoy que embarcarte
en tu barco, capitán.
Navegarás por los mares,
por donde los sueños van,
en busca de islas perdidas
hechas de bruma y coral.
No tardes, que el viento llama;
tiene prisa por zarpar.
(Del mar, espejo del alba,
saltan peces de cristal).
Las velas están izadas,
la bandera ondea ya.
Capitán, toma el timón,
que es tiempo de navegar...
—¡Levad anclas, marineros,
que ya es hora de soñar!

Carlos Reviejo,
Queridos piratas,
Ed. Hiperión, Col. Ajonjolí.

El pirata Timoteo
Teatro

Personajes

NARRADOR	PEPETE
HONESTO	BLAS
UBALDO	FABIÁN
BERTO	TENIENTE VICENTE
CEFERINO	CASACAS
TIMOTEO	PIRATAS
AMBROSIO	

NARRADOR.—Cuando las fragatas españolas se veían acosadas por los bucaneros, había una figura que destacaba entre los rufianes, tanto por su fiereza en el combate como por su nobleza con los camaradas, el pirata Timoteo. Su nombre era sinónimo de terror en todos los mares, su nombre era la antesala de la destrucción. Pocos meses antes del principio de esta historia, un galeón español cargado de oro fue hecho prisionero por el bucanero Mazapán, una rata de alcantarilla, una sanguijuela que se arrastra por el lodo, rival en las aguas del pirata Timoteo. Una tormenta hizo naufragar el barco bucanero junto a una isla perdida, y allí murió Mazapán y todo su afán; entre los pocos supervivientes uno, y solamente uno, se hizo con el mapa. Todas las pesquisas del pirata Timoteo y sus secuaces se centraron en encontrar a dicho individuo. Siguiendo toda esta truculenta historia hemos llegado hasta la puerta de la taberna de Ambrosio, entremos y mientras tomamos un chato...

(Se abre el telón y aparece una taberna típica con una barra al fondo, sobre la que se distinguen numerosas botellas; a la derecha, una pequeña escalera acaba en una gran ventana; a la izquierda del escenario, en una de las mesas, tres piratas sentados y en animada conversación; además, Ambrosio fregando la barra y Ceferino barriendo el suelo.)

HONESTO.—*(Gritando.)* ¡Camarero, otra ronda! Tengo un negocio que es la monda.

UBALDO.—Honesto, ¿estás seguro de que no nos meterán otro puro?

BERTO.—Como cuando el contrabando que hicimos con las almejas, que empezamos silbando y acabamos entre rejas.

HONESTO.—No hay por qué preocuparse todo está bajo control.

UBALDO.—Como cuando el cargamento de cien barriles de alcohol...

BERTO.—*(Con gesto despectivo.)* Que a fuerza hubo que tragarse, tras ser fallido el intento...

UBALDO.—*(Indicándolo con el dedo.)* Sin ver ni un doblón.

HONESTO.—Siempre con la misma canción.

(A una señal de Honesto todos se acercan para oír lo que tiene que contar sin ser escuchados. En ese momento Ceferino toca el hombro de Honesto, que grita dándose un susto.)

CEFERINO.—No se asuste; traigo lo que guste. Hay bacalao al pil-pil, callos a la madrileña, morcilla de Burgos y de postre churros.

BERTO.—Pero ¿qué me dices, Ceferino?

UBALDO.—Solo queremos un vino.

HONESTO.—Tú, queridísimo Ubaldo, mejor tómate un caldo que luego haces tonterías.

BERTO.—Bueno, Honesto, ¿qué decías?

HONESTO.—Que nos enrolemos como piratas: *(más alto)* «La vida pirata es la vida mejor; conoces mundo que es un primor».

UBALDO.—¿Pero estás seguro, majo, de que es un trabajo honesto?

HONESTO.—Claro que es un trabajo.

BERTO.—No, que si es honesto.

HONESTO.—*(Desconcertado y mirando a los dos piratas.)* Pero ¿qué diantre es esto? Pues claro que soy Honesto.

BERTO Y UBALDO.—Cállate que viene gente.

HONESTO.—*(Más en confidencia.)* ¡El pirata Timoteo, enemigo de Vicente!

BERTO.—*(Más en confidencia.)* ¿Con él nos enrolaremos?

HONESTO.—*(Mucho más en confidencia.)* Ya lo creo.

UBALDO.—*(Gritando.)* ¡Ricos seremos!

LOS TRES.—*(Alzando las jarras.)* La vida pirata, es la vida mejor, conoces mundo que es un primor.

(Entra Timoteo con Blas y Pepete, van a la barra y comienza la conversación. Mientras, los tres piratas escuchan la conversación desde la mesa.)

TIMOTEO.—*(Levantando la mano y la voz.)* Ambrosio, tráeme una ronda, que este día no se olvida: en esta mesa redonda haré el trato de mi vida.

AMBROSIO.—*(Acercándose con una bandeja.)* Os traigo ya cinco copas del coñac de Almería.

TIMOTEO.—*(Amenazando con el dedo.)* Ten cuidado no me pongas del vino del otro día, que, más que vino, parece cualquier otra guarrería.

AMBROSIO.—¿Insinúas que desmerece como el de días atrás?

TIMOTEO.—¿Cómo quieres que lo diga? *(Cogiendo el puño de la espada.)* Mi espada está enmohecida de tres días sin usarla y al pensar en tu barriga me dan ganas de sacarla.

PEPETE.—Ambrosio, no te juegues la cabeza: será mejor que saques la cerveza.

TIMOTEO.—*(Grita, pisa fuerte, se impone.)* Lo que sea tráelo aquí. Me estoy poniendo nervioso y si seguimos así *(hace el oso)* me enfadaré como un oso.

BLAS.—*(En tono bravucón.)* ¿Quieres más?

AMBROSIO.—No, Blas.

PEPETE.—*(Alzando la mano con aire chulesco.)* Y no te olvides, pintillas, de traerte las tortillas.

BLAS.—¡Con cebollita por cierto!

TIMOTEO.—¡Por fin alguien dice algo que me parece un acierto!

PEPETE.—¿Y un poquito de queso?

TIMOTEO.—Claro está, tráclo.

PEPETE.—*(Hace con la mano un gesto para que Ambrosio se marche.)* ¡Pues eso! Sin embargo, Timoteo, hay algo que todavía no del todo claro veo.

TIMOTEO.—A ver, Pepete, te escucho.

PEPETE.—¿Por qué Fabián, el muy bicho, hasta hoy no nos ha dicho que se llevó el papelucho?

BLAS.—¿Pero de qué estás hablando? ¿Qué es lo que estáis tramando?

TIMOTEO.—Del mapa que hace un año el miserable patán, el pirata más tacaño, el terrible Mazapán, extravió al regresar desde un lejano lugar donde escondió su tesoro.

BLAS.—¿Repleto de todo su oro?

TIMOTEO.—Pero por cierto callad, oigo llegar a Fabián.

(Entra Fabián con unas gafas increíblemente grandes.)

PEPETE.—Recordadlo, Timoteo, desconfiad de ese rufián.

FABIÁN.—*(Gritando.)* Timoteo, Timoteo ¿dónde estás que no te veo?

TIMOTEO.—Aquí, ¿o es que estás ciego?

BLAS.—*(Para que solo lo escuche Timoteo.)* Si te parece, le pego.

TIMOTEO.—Espera un poco, bufón, queremos su información.

FABIÁN.—*(Con el mapa en la mano, mostrándolo con gran jactancia.)* Perdón, rey de los bajeles, por el pequeño retraso, pero traigo los papeles. Y tengo que explicarte algo.

Timoteo.—Calla, que si me disgusta correrás como un galgo perseguido por mi fusta. *(Coge el mapa y mirándolo, pone cara de asombro.)* Pero, ¿qué demonio es esto? No entiendo nada del texto. Explícame el truquillo *(cierra el puño amenazando)* o te arranco la mano.

Fabián.—*(Se pone chulito.)* Pues es sencillo, listillo, que no está escrito en cristiano.

Pepete.—*(Pierde los nervios.)* Explícate, malandrín.

Fabián.—*(Viendo que la jugada le sale redonda se pone más chulito.)* Que Mazapán, el tirano, todo lo ha escrito en latín.

Timoteo.—¿Latín?, pero ¿qué es eso? ¡Nos la han vuelto a dar con queso!

Ambrosio.—*(Grita.)* Paciencia, calma, ya va.

Timoteo.—*(Desesperadamente.)* ¿No existe en esta ciudad quien nos traduzca este texto?

Fabián.—*(Ve que se acerca su momento y se pone muy chulito.)* No busquéis muy lejos; ante tus ojos está, el único que lo entiende.

Timoteo.—*(Asombrado.)* ¡Por doscientos mil cangrejos! Estúpido, ¿sabes latín?

Fabián.—*(Se pone muy chulito y saca pecho.)* No me taches de tontín, pues la traducción depende de la mitad del botín.

Pepete.—*(Gritando desesperado.)* ¿Pero qué diablos pretende? *(Dirigiéndose al público.)* Este Fabián de pegote también chupará del bote. *(Dirigiéndose a Timoteo.)* Ya os advertí Timoteo: este trato se está poniendo muy feo.

Fabián.—*(Pasándose de chulito.)* Pues si no quedáis contentos yo y mi mapa nos vamos con algún otro pirata.

Timoteo.—*(Sacando la espada muy enfadado.)* Siéntate, pequeña rata, y si quieres negociamos, pero será en mi fragata, y como sigas así... *(Queda cortado.)*

(Entra en escena el teniente Vicente acompañado del sargento Giliberto, el alférez Pérez, el cabo Gustavo y el soldado Malhumorado, que se quedan en la puerta para que nadie entre ni salga.)

Teniente Vicente.—*(Paseando entre los piratas con aire fanfarrón.)* He oído que por aquí suele venir a menudo el rey del escamoteo, el pirata Timoteo. Y también me habían dicho que era un hombre muy valiente, pero por lo que estoy viendo la gente del pueblo miente.

PEPETE.—*(Poniéndose delante de él.)* Cierre usted el pico, teniente, de bravucones más serios hay llenos mil cementerios.

TENIENTE VICENTE.—*(Mirando de arriba abajo.)* ¿Quién eres tú, pequeñajo?

PEPETE.—El gran Timoteo, ¡pingajo!

TENIENTE VICENTE.—*(Apartándole con la mano.)* Eres demasiado bajo. A ver... ¿dónde está el jabalí? *(Sacando la espada.)* Probará mi bisturí.

TIMOTEO.—*(A Pepete.)* Pepete, no entres a saco. *(Se para un momento, se acerca a Vicente y le habla.)* Me molesta tu presencia ¡Se ha agotado mi paciencia!

TENIENTE VICENTE.—¿Y tú quién eres, bellaco?

TIMOTEO.—Timoteo, ¿qué me dices?

TENIENTE VICENTE.—Que son grandes tus narices.

TODOS LOS PIRATAS.—*(Con asombro.)* ¡Pero ¿qué ha dicho?! ¡Qué idiota!

TODOS LOS CASACAS.—*(Con risas.)* Le ha llamado narizota. *(Sacan sus espadas y empiezan a pelear.)*

PIRATAS.—Nos puede hablar su lengua, nos puede insultar, nosotros ya sin tregua os vamos a matar.

CASACAS.—Piratas, qué inconscientes, queréis pronto morir, el teniente Vicente no hará más que reír.

PIRATAS.—¡MORIRÉIS!

CASACAS.—¡MORIRÉIS!

PIRATAS.—Nuestras armas ya están listas.

CASACAS.—Las nuestras matando ya.

(Después de la pelea, el teniente Vicente está en lo alto de unos peldaños a punto de saltar por una ventana, pues se ha quedado solo.)

TENIENTE VICENTE.—Esta vez sí me has ganado, mas la próxima ocasión no estaré ya rodeado por un solo pelotón. Y como siempre, pirata, hallarás tu perdición, dentro de una botella, de la botella de ron. *(Salta Vicente y se oyen cristales rotos. Los piratas se ríen y vuelven a las mesas.)*

TIMOTEO.—Ya lo estáis viendo, muchachos, solo atacan al pirata los pequeños mamarrachos: primero meten la pata, después huyen cabizbajos.

BLAS.—*(En tono irónico y quitándose el sombrero con una mueca.)* Perdóneme, vuestra alteza, pero más que cabizbajos suelen irse de cabeza. *(Risas de los piratas.)*

HONESTO.—Timoteo, ¿sabes lo que te digo?

BERTO.—Que todo lo hemos oído.

UBALDO.—Y que nos vamos contigo.

TODOS.—*(Gritando y alzando las jarras.)* ¡A por el oro perdido!

TIMOTEO.—*(Mirando a Ambrosio.)* Mucha calma, compañeros; ya tenemos quien maneje bien la espada. Mas, fijaos, camaradas: aún nos falta casi, casi lo primero: ¿qué será de esta aventura señalada sin un diestro espadachín de la cuchara? Es decir: necesito un cocinero.

AMBROSIO.—Como yo no encontrarás otro en el mundo entero.

TODOS.—*(Alzando las jarras.)* ¡Trae otra ronda de vino!

SE CIERRA EL TELÓN

Adaptación del primer acto de la obra de teatro El pirata Timoteo, Eduardo Ares, en http://es.scribd.com/doc/171181774/el-pirata-Timoteo-obra-de-teatro-doc

Pregones piratas

¡Pongan atención
todos los piratas,
que empieza el pregón!

Vendo galeones
con anclas de plata
y hermosos timones.

Estrellas polares,
rosas de los vientos
para ir por los mares.

Ojos de cristal,
patas de madera
del mejor nogal.

Parlanchines loros,
verdaderos mapas
de islas del tesoro.

Parches para el ojo,
viejos pistolones
con mira y cerrojo.

Tibias, calaveras
de negro algodón
para las banderas.

Balas de cañón,
barriles de Cuba
con añejo ron.

Lonetas y telas,
cuerdas y cordeles
para coser velas.

Sables y puñales,
hechos en Toledo
de duros metales.

Acudid remando,
porque el pregonero
está ya zarpando.

Carlos Reviejo,
Queridos piratas,
Ed. Hiperión, Col. Ajonjolí.

¿Quién?

¿Quién navega por los mares buscando el oro y la plata?
El pirata
¿Quién anda de puerto en puerto asustando al mundo entero?
El bucanero
¿Quién con su barco navega sin rumbo ni calendario...?
El corsario
¿Cuál es el mar conocido donde mata, roba y vive...?
El Caribe
¿Quién anuncia su llegada con tibias y calavera...?
Su bandera
¿Y qué buscan en las islas con sus mapas y sus loros?
Un tesoro

Carlos Reviejo, *Queridos piratas,* Ed. Hiperión, Col. Ajonjolí.

14

El Gigante Zon

Katrón el Peludo dejó El País de los Trinos Hermosos al cuidado de Zon el Gigante, y se marchó con todo su séquito. Pero antes de partir le regaló unas botas para que pudiera cumplir satisfactoriamente su cometido.

Cuando Katrón el Peludo, dueño y señor de El País de los Trinos Hermosos, decidió trasladar definitivamente su residencia a La Región de los Lagos Azules, designó a Zon el Gigante guardián del territorio que abandonaba. Katrón el Peludo, aunque de terrorífico aspecto, era comprensivo y bondadoso, y bajo su gobierno, la vida en El País de los Trinos Hermosos había transcurrido en paz y armonía. [...]

Zon era barbilampiño y mofletudo. Su rostro cara-de-luna se intensificaba por el hecho de no tener cejas. Vestía una chaqueta de piel de oveja y un pantalón de terciopelo negro. El poco cabello que recubría su cabeza era de fuerte color rojizo, por lo que cuando el sol le daba de lleno parecía coronado de brasas. De su hombro izquierdo colgaba una bolsa de seda blanca, cuyo contenido era secreto. Zon sentía por su bolsa un cariño especial, pero no tan grande como el que sentía por sus botas. Sus botas de rinoceronte tuerto, sus botas rojizas, sus botas pulidas, sus botas camineras, sus botas mágicas.

Unas botas espléndidas, unas botas pulcramente trabajadas, unas botas con broches de plata, unas botas de muchas leguas.

—La piel de rinoceronte tuerto —le dijo Katrón el Peludo— la trajo Ruko el Guerrero de más allá de los Confines. [...]. Son únicas. Póntelas y vete en paz.

Ni que decir tiene que, durante mucho tiempo, Zon anduvo como gigante con botas nuevas, radiante y feliz. Ello lo distrajo bastante de la preocupación que le producía la ausencia de Katrón el Peludo, y, cuando vino a darse cuenta, estaba ya acostumbrado a su nueva misión, que cumplía sin el menor fallo. Y sin el menor problema.

Hasta que apareció El Pintón... [...] El Pintón era un malvado enano, tan horrible que no se dejaba ver. Pequeño de estatura, los brazos le alcanzaban hasta más abajo de las rodillas: tenía los ojos saltones, la nariz ganchuda, y de su labio inferior asomaban colmillos afilados que le daban un cruel aspecto. Completaban su cabeza, cubierta con un gorro encarnado teñido con sangre de animales, una barba gris, rala, y unas orejas que parecían haber sido mordisqueadas. Vestía una especie de vieja camisa de cuero que le cubría desde los hombros hasta la cintura, ceñida y ajustada al cuerpo; lucía en la cintura un gran cuchillo y en la mano derecha, terminada en uñas como garras, portaba un hacha más alta que él mismo. [...]

Cuando El Pintón apareció en el bosque de El País de los Trinos Hermosos, comenzó a derribar los árboles. Las aves que vivían y anidaban en esos árboles escapaban asustadas. Zon le obligó a marcharse, pero El Pintón juró que se llevaría la voz de las aves. De este modo, El País de los Trinos Hermosos se convirtió en El País del Largo Silencio.

Ahora la misión de Zon era doble: vigilar su territorio y tratar de hallar las huellas de El Pintón, de quien nunca había vuelto a saberse. [...]

Zon trató de resolver por sí mismo la situación que el duende provocara, pero al comprobar que no lo conseguía, determinó visitar a Katrón el Peludo y contarle lo ocurrido.

En mala hora. Porque Katrón el Peludo no se alegró de su visita.

—Tenía ya noticias de que el País que te confié había cambiado de nombre —le dijo—. Pero esperaba que fueses capaz de solucionarlo por tus propios medios. Y lo único que haces es abandonar el territorio y venir a contarme lo que ya sé. Qué duda cabe de que tengo medios sobrados para encontrar a ese mastuerzo del gorro y el hacha, darle su merecido y devolver a mi País el nombre y la alegría. Pero no quiero hacerlo. No, Zon, no quiero ayudarte. Quiero que me demuestres que no me equivoqué cuando dejé en tus manos responsabilidad tan importante.

Zon miró sus manazas, bajó la cabeza, y dijo:

—Sí, señor.

Y emprendió el camino de vuelta.

Desde entonces, no había cejado en el empeño de descubrir al duende, aunque sin éxito. Además, una mañana, al despertar, Zon se puso en pie y advirtió que estaba semidescalzo: había perdido una de sus botas, la bota derecha. Sin sus botas, no podía cumplir su misión habitual, ni mucho menos tratar de sorprender a El Pintón, tan veloz como astuto. [...] ¿Lo sabría ya Katrón el Peludo?

Por encima de su cabeza cruzó, el piulón (un ave fiel a Zon el Gigante). Sus alas amarillas y su larguísimo pico morado se dejaban ver de vez en cuando para alivio del solícito guardián, y para recordarle que debía seguir buscando al duende que se llevara los trinos y las alas.

Zon pensó si sería este pájaro el encargado de ir con el cuento a Katrón cada vez que algo anormal se producía en el País. Pero desechó la idea. Tenía al piulón por un amigo fiel, no por un delator. Alzó la mirada hacia las extensas copas de los tamarindos y vio, entre las ramas que ya comenzaban a cubrirse de flores amarillentas, el movimiento de los tamarinos (monos de pelaje ceniciento, blanca la cara y anillada cola), yendo de acá para allá con agilidad y rapidez.

Los tamarinos de los tamarindos siempre lo habían distraído con sus travesuras, pero ahora no estaba para bromas. Su andar era renqueante, propio de cualquier gigante que calce una sola bota.

La misión de Zon ahora era triple: vigilar su territorio, hallar a El Pintón y localizar su bota. [...]

Ahora no sabía qué hacer. Frente a él se abría un bosque sombrío, de tupido

Frase hecha

«Pasar la noche en blanco»

Cuando una persona no logra dormir (conciliar el sueño) por un dolor, una preocupación u otro motivo, se dice que ha pasado la noche en blanco.

El origen de esta frase está relacionado con la noche que debían pasar sin dormir aquellos que querían formar parte de ciertas órdenes de caballería. Los aspirantes, vestidos de blanco, debían velar las armas la noche anterior a la ceremonia, hasta el amanecer. Sin duda esta espera les resultaba larga.

La frase «Pasar la noche en blanco», que recuerda aquel rito de los caballeros, quiere indicar que la noche se hizo larga esperando el amanecer.

Un enano y un gigante

Van tomados de la mano
como un solo caminante:
a la izquierda va el enano,
a la derecha el gigante.
Ayer salieron dichosos
en búsqueda de la mar:
hoy caminan jubilosos
para poderla encontrar.
Arriba, abajo, a los lados,
detrás, al medio, adelante:
van por el sol abrasados
un enano y un gigante.
¡Qué flaco es el enanito,
qué gordo el gigantón!
¡Qué viejo es el pequeñito,
qué joven el grandullón!
De lejos parecían
un ratón y un elefante;
de cerca solo serían
un enano y un gigante.

Francisco Delgado

15

Una visita nocturna

Ennia dormía. Su sueño era tranquilo, feliz. Era de noche. De pronto, sintió como si alguien la tocara en el codo: un contacto suave, gentil, casi tímido. Abrió los ojos y se incorporó. Estaba oscuro y al principio no vio a nadie. Después se fijó en un bulto más negro que destacaba en medio de la negrura. El bulto era muy grande, grandísimo, pero, por alguna razón que no llegó a entender, Ennia no tuvo miedo.

—¿Quién eres? —preguntó.

—Mi nombre no te diría nada —respondió el bulto oscuro.

Era una voz extraña, que podría pertenecer a un hombre muy viejo. Ennia se imaginó un rostro lleno de arrugas, un cuerpo encorvado, una mano nudosa apoyada en un bastón. Imaginó que el lugar se iluminaba y que podía verlo a la perfección, como si fuese de día.

—Pero yo tengo que saberlo —dijo la niña—. Si no sé cómo te llamas, será como si no existieras.

—Tienes mucha razón —repuso el bulto. Su voz sonaba pensativa—. Tendremos que elegir un nombre, para que me llames por él. ¡Ya sé! ¿Qué te parece Otto?

—¿Señor Otto? —preguntó Ennia, que era una niña muy bien educada.

—Señor Otto estará muy bien —respondió la voz—. Aunque también podrías llamarme Otto-san.

—Pero, ¿es ese tu nombre de verdad?

—Eso no importa. Son muy pocos los que saben cuál es su verdadero nombre. Y muchos menos los que conocen el de los demás.

—Yo si sé cómo me llamo —dijo la niña, con voz ufana—. Soy Ennia.

—Sí, eso es lo que tú crees —dijo la voz, con tono enigmático.

Ennia guardó silencio durante largo rato, pensando en esas misteriosas palabras.

—No lo entiendo —exclamó al fin—. ¿Puede haber alguien que no sepa cómo se llama?

—Será mejor que lo dejemos —dijo la voz—. Eres un poco pequeña para comprenderlo. Pregúntame otra cosa.

Ennia estaba enfurruñada, como solía ocurrirle cuando no entendía algo y no querían explicárselo. Por eso tardó cierto tiempo en contestar. Pero de pronto se le ocurrió que el dueño de la voz podía cansarse de esperar y marcharse de allí. Por primera vez tuvo miedo. ¡Tenía tantas cosas que preguntarle! ¿Por cuál empezar?

—Empieza por el principio —dijo el señor Otto, como si estuviera leyendo sus pensamientos. Pero Ennia no se fijó en la coincidencia y preguntó:

—¿Para qué has venido?

—Para enviarte a cumplir una misión.

—¿Enviarme? ¿A dónde?

—A Faerie (País de las Hadas).

—¡Qué estupendo! Siempre he deseado ir allí. ¿Cómo se va?

—Yo te abriré la puerta.

Ennia miró a su alrededor. Todo estaba oscuro.

—No veo ninguna puerta —dijo.

—A veces puede abrirse una puerta donde menos te lo imaginas.

—¡Entonces, vamos! —Ennia se levantó de un salto, muy nerviosa, y estuvo a punto de atropellar al señor Otto, que no se había movido del sitio donde lo vio por primera vez.

—Antes de cruzar la puerta debo decirte algunas cosas respecto al lugar adonde vas —continuó el señor Otto—. ¿Qué sabes de Faerie?

—Que allí todos los deseos se hacen realidad.

—Solo hasta cierto punto.

—¿Qué quieres decir?

—Que en Faerie existen muchas reglas. Tus deseos no se cumplirán si no estás de acuerdo con todas ellas. [...] Pero las reglas de Faerie son distintas de las de aquí. Si las aceptas y te acostumbras a ellas, podrás cumplir la misión que voy a encomendarte.

—¡Está bien! Dime cuáles son todas esas reglas.

—No puedo hacer eso —dijo el señor Otto, con voz algo triste—. La regla número siete dice que tú misma debes descubrir las reglas. [...] Y la regla número once me autoriza a decirte dos reglas. [...] Te diré cuál es la regla número uno. Es la más importante.

Ennia empezó a dar saltos de alegría.

—¡Dímela! ¡Dímela!

—Una vez que has formulado un deseo, no es posible deshacerlo.

—Y eso ¿qué quiere decir?

—Te pondré un ejemplo. Supón que deseas crecer y que ese deseo te ha sido concedido. Pues bien: ya no puedes hacerte pequeña otra vez. Aunque lo desees, no se te concederá. [...]

—Veo que hay que tener mucho cuidado con lo que se desea.

—Lo has comprendido muy bien —dijo el señor Otto.

—¿Cuál es la última regla?

—La número cuatro. Dice que debes entrar sola en Faerie.

—Pero ¿tú no vas a venir conmigo? —preguntó Ennia con voz algo temblorosa. [...]

—No te preocupes. Puedes llevarte esto. Pero ten cuidado. ¡No lo pierdas!

Ennia sintió que le ponían en la mano un objeto duro. Trató de verlo mejor acercándolo a los ojos, pero en vano. Entonces lo tanteó cuidadosamente y notó que tenía forma cúbica y que el tacto de una de sus caras era muy suave, como la piel de un gatito.

—Cuando formules un deseo, esa caja te dirá si se te ha concedido o no y la razón de ello —respondió el señor Otto. [...]

—Y tú ¿no me ayudarás? —preguntó Ennia, con voz casi inaudible.

—Sí. Aunque tú quizá no te darás cuenta, porque no me verás. [...] Ya es hora de partir. Decídete. ¿Quieres venir conmigo?

Ennia vaciló. Empezaba a estar un poco asustada. Pero pensó que al menos podría echar una mirada a Faerie y, si no le gustaba su aspecto, cruzar de nuevo la puerta y volver a donde ahora estaba.

—Sí. Quiero ir contigo —dijo.

De pronto vio aparecer, a muy poca distancia, una abertura rectangular, al otro lado de la cual había mucha luz, como si fuese de día. Asombrada, dio tres pasos hacia adelante y cruzó el umbral. [...]

Y de golpe se encontró en un lugar desconocido. A medida que sus ojos se fueron acostumbrando a la luz, se dio cuenta de que estaba en una pradera enorme llena de hierbas altas. Pero ¿a dónde ir? Después de comprobar que sus deseos podían hacerse realidad con solo formularlos siguiendo las reglas establecidas, empezó a andar en la dirección que le marcaba un perro enorme que había aparecido ante ella y a quien decidió llamar «León». Se le concedió el deseo de ser princesa y formuló el deseo de ver un duende y a su lado apareció un gigante enorme —como un árbol— que resultó ser un duende.

Después de observarla durante un buen rato, el gigante habló. Su voz envolvió a Ennia por completo. Sintió como si la rodearan las olas del mar y por un momento le costó trabajo distinguir las palabras. Pero con un poco de atención lo consiguió. El gigante decía:

—¿Sabes hablar?

—¡Por supuesto que sé hablar! —exclamó Ennia, algo ofendida, olvidando por un momento la situación en que se encontraba—. ¿Crees que soy muda?

—¿Quién eres? —preguntó el gigante—. ¿Y qué haces en este bosque?

Ennia pensó que el gigante parecía bastante amistoso, por el momento. Al menos quería saber su nombre, y eso era buena señal. Uno no le pregunta cómo se llama al pollo que se va a comer.

—Soy la princesa Ennia —respondió, hinchándose todo lo que pudo y tratando de parecer impresionante. Pero tuvo que reconocer que, con su tamaño y la ropa que llevaba, no tenía muchas posibilidades de conseguirlo.

El gigante pareció desconcertado y no supo qué decir. Al menos sus ojos tenían aspecto pensativo y no volvió a abrir la boca durante algunos momentos.

—¿Y tú quién eres? —preguntó Ennia, que cada vez sentía más aplomo.

—Soy un elfo silvano —respondió el gigante.

—¿Qué es eso?

—Un elfo del bosque. Veo que tú eres un ser humano, aunque jamás había visto uno tan diminuto. Quizá me conozcas mejor por el nombre de «duende». Algunas veces los hombres nos llaman así. [...] Tengo que llevarte ante mi rey —dijo entonces el elfo—. Nos habían avisado de tu llegada y salí a buscarte, pero no pensaba que fueras tan pequeña. He tenido mucha suerte al encontrarte. [...]

El elfo silvano, que se llamaba Oski, llevó a Ennia ante el rey. Extendiendo la mano abierta, dijo:

—Majestad, aquí tenéis a la princesa Ennia.

La sorpresa del rey al verla fue tan grande que casi se levantó de su trono y la boca se le abrió de una forma muy divertida. Pero cuando se sentó otra vez, Ennia notó que el rey de los elfos parecía enfadado, como si no le gustara lo que había visto.

—¿Estás seguro de que es ella? —preguntó a Oski.

—Ella misma me lo dijo —respondió el elfo.

Los ojos del rey se dirigieron de nuevo hacia la niña.

—¿Qué has venido a hacer en mi reino? —le preguntó con voz que a Ennia le pareció de trueno.

—Perdóname, Majestad —respondió la niña, que no tenía mucha costumbre de hablar con reyes—. Yo no sabía que este fuera tu reino. Yo he venido a este país porque el señor Otto me ha traído, pero no sabía lo que iba a encontrar, te lo aseguro. [...]

Ennia comprendió que su tamaño era un obstáculo y deseó ser tan grande como ellos, y su deseo le fue concedido.

—Me alegro de ver que ahora tienes el tamaño adecuado —dijo el rey—. Antes no nos habrías servido para nada.

—¿Para qué tengo que serviros, Majestad? —preguntó la niña.

—Será mejor que te cuente la historia desde el principio. El pueblo de los elfos silvanos vive en este bosque desde tiempo inmemorial. Hace muchos siglos que no hemos estado en guerra con otros pueblos, ya sean elfos, hombres o enanos. Quizá nos hemos acostumbrado demasiado a la paz y esto nos ha hecho blandos. Sea como sea, hace tres años llegó a esta región un dragón de fuego que buscó cobijo en una alta montaña, que no está muy lejos de aquí. Este dragón ha devastado ya la tercera parte de este bosque, convirtiendo inmensos territorios en un desierto calcinado. Muchos héroes han osado enfrentarse al dragón, tratando de hallar la gloria en tan atrevida empresa y salvar a sus semejantes. Los más valerosos elfos se adentraron en el desierto y llegaron hasta la montaña para destruir al reptil. Pero todos ellos fueron devorados casi inmediatamente. El dragón parece invencible.

Hemos tenido que abandonar nuestras moradas para buscar refugio en el interior de la tierra. Pero ya no podremos resistir mucho tiempo. Muy pronto nos veremos obligados a elegir entre dejarnos devorar o partir en busca de otro territorio. Pero no sabemos a dónde ir. Sin embargo, hemos recibido un rayo de esperanza. Hace pocos días llegó a nosotros un extraño mensaje, que nos anunciaba la llegada de una princesa humana que nos ayudará a destruir al dragón y salvar lo que queda del bosque. Por eso envié a Oski a buscarte y por eso te trajo aquí. Cuando vi que eras tan pequeña, pensé que no eras la persona que esperábamos. ¡El dragón ni siquiera habría logrado verte! Pero, puesto que has crecido, no cabe duda de que eres tú la princesa de que hablaba el mensaje. ¡El fin de nuestros sufrimientos está a la vista!

Ennia no había entendido todas las palabras del rey, pero lo que captó fue más que suficiente para asustarla. Por eso, cuando el rey guardó silencio, como si aguardara su respuesta, ella le preguntó:

—¿De qué manera podré yo ayudaros contra el dragón? Solo soy una niña. Si los más grandes héroes de vuestra tierra no han logrado nada, ¿acaso voy a conseguirlo yo?

—Tú no tendrás que luchar contra el dragón —respondió el rey—. Tu papel es mucho más sencillo, la predicción nos lo indicaba con todo detalle. Nosotros solo tenemos que entregarte en poder de la fiera, atada de pies y manos. Eso bastará para desencadenar una serie de sucesos que llevará inexorablemente a la muerte del reptil.

Manuel Alfonseca, *Ennia*, Ed. Noguer, Col. Cuatro Vientos.

Mi bosque encantaba

Mi bosque cantaba
canciones de bruma
a la luz tan clara
de la luna luna.
Mi bosque encantaba
con menta y romero
y con manzanilla
cumplía mis deseos.
Me contaba historias,
me subía hasta el cielo.
Me daba monedas
de amor y de sueño.

Cuando despertaba,
mi bosque encantado
se iba a la escuela
conmigo a mi lado.
Y en la noche noche
contigo soñaba
porque desde entonces...
mi bosque encantaba.

María García Esperón

La xana Ottilie pide ayuda

Asier es un chaval de 10 años que se siente insignificante, pequeño, pero desea vencer sus temores y ser capaz de enfrentarse a los obstáculos. Para conseguirlo se cambia de nombre, se llamará *el caballero de las tierras de Urania*. Y así empezó su transformación.

Al día siguiente de su llegada a Asturias, Aser se acostó tarde. Creyó que se dormiría enseguida, pero no lograba conciliar el sueño. ¿Y si se iba al bosque esa misma noche? Entreabrió la puerta y vio que el salón estaba vacío. Los abuelos hacía rato que estaban en brazos de Morfeo. Se dirigió a la puerta de la calle sigilosamente. Giró el picaporte y, ya en el exterior, cerró la puerta sin hacer ruido.

Empezó a caminar en medio de una oscuridad casi absoluta. [...] Cuando llegó a la entrada del bosque, una intensa emoción le oprimió el pecho. En lo alto del cielo se hizo visible la luna. Se adentró en el bosque. La luz lunar se filtraba entre las hojas de los árboles. A veces, oía el crujido de una rama caída en la tierra y que él había pisado sin darse cuenta; otras, el roce de su cuerpo con alguna planta. Pasado cierto tiempo, oyó un ruido parecido al del agua que sale de un surtidor, mezclado con otro, que recordaba a un sollozo. Siguió caminando hasta que vio a una mujer muy pequeña y muy bella junto a la fuente. Tenía el cabello largo, ondulado y del color del oro. La mujer giró la cabeza hacia donde él estaba y se quedó mirándolo con expresión de asombro. Sus ojos eran de un azul muy intenso, tan irreales como su dueña. Se dirigió a la hermosa aparición y le habló de esta manera:

—Buenas noches, soy el caballero de las tierras de Urania —mintió— ¿Quién eres y por qué lloras?

—Me llamo Ottilie —dijo sollozando—. ¿Estás dispuesto a ayudarme?

Asier respondió afirmativamente sin saber qué le iba a pedir, pero pensó que el caballero de las tierras de Urania hubiera reaccionado igual.

Ottilie hizo una pausa y siguió así:

—Caballero de las tierras de Urania, soy una xana que necesita ayuda.

—¡Oh, tendría que haberme dado cuenta! —exclamó Asier. Y enseguida le contó todo lo que sabía sobre ella.

—Veo que estás muy bien informado —le dijo—. No sabía que nuestra historia andaba en las páginas de vuestros libros.

La xana tenía ganas de averiguar más cosas, pero dominó su curiosidad. Le urgía contar al caballero lo que había sucedido.

—Hace un rato estaba aquí mismo con Lilia, una amiga mía silfosí y...

—Perdona —la interrumpió Asier—. ¿Qué es un silfosí?

—Los silfosí son los habitantes de una de las regiones del bosque cuyo nombre es Cifuentes. Pero no me distraigas. No podemos perder tiempo. La vida de mi amiga corre peligro.

Retomó el hilo de lo que estaba contando:

—Lilia y yo conversábamos despreocupadamente cuando se acercaron tres xanas desconocidas. Nos saludaron amablemente y nos preguntaron si queríamos ver unos peines de oro que llevaban consigo. Les dijimos que sí y sin sospechar nada nos detuvimos a contemplarlos. Quise probar uno en mis cabellos y lo mismo intentó

Lilia; entonces las xanas forasteras se convirtieron en unos terribles monstruos alados. Uno de ellos, llamado Daltún, cogió a Lilia y le dijo que era la más bella entre las bellas. Ella empezó a gritar y yo también, pero estábamos solas y nadie acudió en nuestra ayuda. Daltún, agitó las alas y emprendió el vuelo llevándose a Lilia consigo. Los otros dos lo siguieron. Entonces…

No pudo continuar. Un aullido aterrador rasgó el aire. Asier y Ottilie se miraron espantados. Un segundo aullido hizo que Asier cogiera la mano de Ottilie y se la llevara casi en volandas. Corría sin saber hacia dónde dirigirse, arrastrando tras de sí a la xana. El vestido blanco de Ottilie resplandecía a la luz de la luna, y con el movimiento parecía dejar una estela blanca en el aire. De repente se oyó una risotada. Envuelto en vapores azules, apareció delante de ellos una extraña figura que parecía un niño viejo.

—Oh, no. ¡Eras tú, Ramiro! ¡Cuántas veces te he dicho que no nos asustes con tus bromas!

Ramiro era un duende travieso y bromista que disfrutaba con su poder de cambiar de apariencia y de crear efectos especiales, que pronto se desvanecían.

Ottile les dijo:

—Ahora lo que importa es pensar qué haremos para rescatar a Lilia. No será nada fácil liberarla. Los compañeros de Daltún son Agor y Eriser. Los llaman los cuélebres inseparables, imaginaos lo difícil que debe ser vencer a los tres.

Asier se dio cuenta que la empresa que debía llevar a cabo con sus nuevos amigos era más difícil que internarse en la selva solo, sin agua y sin comida.

Norma Sturniolo, *El caballero de las tierras de Urania,*
Ed. San Pablo, Col. La Brújula.

16

El aguilucho de Nan Singh

En lo más escondido y profundo del misterioso Tíbet, en las grandes alturas solitarias, se alza un viejo monasterio construido sobre la misma roca. Allí viven, desde hace muchos siglos, monjes dedicados a la meditación y al estudio.

Cuentan que en este monasterio vivió, hace mucho tiempo un monje, el lama Nan Singh, que había llegado desde muy lejos buscando «el camino de la luz». Todo el mundo reconocía que tenía grandes poderes. Su espíritu podía viajar hasta regiones desconocidas mientras su cuerpo permanecía tranquilo y quieto en la pequeña celda. Podía conocer el pensamiento de las gentes solo con mirarlas. Y comunicarse sin palabras y a largas distancias con aquellos que lo necesitaban. Bastaba solo con que sus manos rozaran las frentes de los enfermos para que estos respiraran aliviados, sintiéndose libres de todo dolor.

Desde la ventana de la celda del monje Nan Singh se veía la Montaña Santa coronada por nieves perpetuas; y el Lago Sagrado de aguas cambiantes que a veces parecían profundamente verdes, otras azules y transparentes, o grises y oscuras si los terribles vientos que recorren la región las levantaban removiéndolas.

Un día, Nan Singh volvía de la Ciudad Santa, a donde había bajado para visitar al jefe de todo el país, el Dalái Lama. Iba descendiendo trabajosamente en su camino de regreso por estrechas veredas, practicadas en las rocas, al borde mismo de grandes precipicios. Y algo que vio ante él le hizo frenar su caballo y echar pie a tierra.

Unos cazadores, con las armas en la mano todavía, acababan de dar muerte a una pareja de águilas reales.

Los dos cazadores se arrodillaron al ver acercarse al monje.

—¿Por qué lo habéis hecho? — les preguntó.

—Señor —contestaron—, devoraban nuestras cabras...

El monje miró apenado hacia el nido donde un aguilucho, casi recién nacido, había quedado sin defensa.

—Este —dijo señalándolo— no puede haceros ningún mal, respetadle la vida.

Los cazadores bajaron la cabeza avergonzados. Y Nan Singh se acercó hasta el nido, tomó al animal que temblaba espantado, le abrigó bajo su manto y partió con él hacia el convento.

Desde aquel día, el aguilucho vivió amparado por el monje, que le dio su calor, compartiendo con él su comida y su celda.

—Te llamaremos Kang Rimpoche (Nieve Preciosa) —dijo Nan Singh— en honor de la nieve que cubre nuestra Montaña Santa.

Bajo sus cuidados, el aguilucho fue perdiendo el miedo. Ya no temblaba al oír el menor ruido, ni corría a esconderse si los pasos de algún monje se acercaban.

Kang Rimpoche, al cabo de unas semanas, empezó a cambiar el plumón blanco que cubría su cuerpo por un plumaje más fuerte y oscuro de brillantes reflejos cobrizos. Y a lo largo de los meses fue acostumbrándose a la vida del monasterio.

Por las noches, cuando Nan Singh se acostaba sobre el suelo, bien envuelto en su manto, el aguilucho venía a colocarse a su lado para dormir también. Y cuando los fuertes golpes de un gong, antes de que amaneciera, avisaban para los primeros oficios, Kang Rimpoche abría sus ojos, sacudía las alas y seguía a Nan Singh por los largos pasillos y las interminables escaleras uniéndose a muchos otros monjes que acudían a la oración.

En el gran templo, sostenido por enormes columnas de piedra, las puertas se abrían de par en par para que los peregrinos entraran también. Sonaban las trompetas de cuerno y las campanas de plata, las lámparas doradas daban su resplandor, los incensarios repartían su humo oloroso y miles de lamparillas de aceite daban su luz. Los cánticos llenaban el recinto.

Cuando acababan las oraciones, Nan Singh volvía a su celda y repartía con Kang Rimpoche su desayuno, antes de empezar el trabajo del día.

El monje enseñó al aguilucho a comunicarse con él sin necesidad de usar sonidos ni palabras, ni gestos. Y sus pensamientos se transmitían de uno a otro sin ninguna dificultad.

En las largas horas que Nan Singh dedicaba al estudio, cuando en la biblioteca consultaba los pesados libros, cubiertos por tapas de madera, donde estaban encerrados los conocimientos secretos que otros monjes más antiguos habían arrancado a la naturaleza, Kang Rimpoche estaba con él.

Si Nan Singh se ocupaba de curar y consolar a los peregrinos, venidos desde los puntos más lejanos en busca de ayuda, Kang Rimpoche le acompañaba.

Cuando Nan Singh se entregaba a la meditación, sentado en el suelo, frente a la belleza de la Montaña Sagrada a la que el sol arrancaba destellos rosados, Kang Rimpoche permanecía a su lado.

En los días en que el lago aparecía tranquilo y Nan Singh se inclinaba sobre las aguas para ver en su fondo, como en un maravilloso espejo, escenas del pasado o del porvenir, Kang Rimpoche se quedaba inmóvil mirando también.

Y si Nan Singh, como todos los monjes, tenía que bajar a las cocinas para ayudar en los trabajos más humildes y moler y tostar la cebada con que la comunidad se alimentaba, Kang Rimpoche le seguía.

Llegó otra vez el invierno con sus grandes fríos. Las tormentas de nieve y el viento hacían intransitables los caminos. El monasterio había quedado aislado y no podía llegar hasta él ninguna caravana de peregrinos.

Una noche, cuando todos dormían, Nan Singh, que también descansaba, se incorporó de pronto, pues había recibido en sueños un mensaje del Dalái Lama ordenándole que se pusiera en camino hacia la Ciudad Santa.

—Kang Rimpoche, ¿estás despierto?... Tengo que salir de viaje ahora mismo.

—Está bien, yo te acompañaré —dijo Kang Rimpoche abriendo los ojos.

—No, esta vez debo ir solo. El Dalái Lama me necesita —le contestó Nan Singh.

—¿Y qué voy a hacer sin ti? —dijo Kang Rimpoche lleno de temor y de tristeza.

—Kang Rimpoche, el que yo me vaya no quiere decir que te abandone. Sabrás de mí todos los días. Y si tú quieres algo también me lo puedes hacer saber. Es muy fácil, basta solo con que pienses en mí con tanta fuerza que puedas verme como me estás viendo ahora y entonces me lo digas.

Y el monje acarició al aguilucho para tranquilizarlo. Después subió a su caballo y se alejó luchando contra el viento y la nieve.

La promesa hecha por Nan Singh no dejó de cumplirse. Al día siguiente, Kang Rimpoche sintió que Nan Singh le hablaba igual que cuando estaban juntos.

—El camino ha sido duro pero he llegado bien. Kang Rimpoche, ¿cómo estás?

Y al aguilucho, que quería tanto al monje, no le fue difícil evocar su figura y enviarle su mensaje.

—Vuelve pronto, te espero.

—Muy bien, Kang Rimpoche —le volvió a decir Nan Singh contento de comprobar que el aguilucho había sido capaz de hacerlo.

Y de esta manera el monje y el aguilucho supieron el uno del otro todos los días a pesar de estar tan lejos.

—Mañana estaré en el convento —le anunció al fin Nan Singh.

Kang Rimpoche, lleno de alegría, aleteó por todo el monasterio. Visitó las celdas de los más ancianos, recorrió los talleres donde los monjes se entregaban a los trabajos más diversos, pasó por la biblioteca, entró a las aulas en las que recibían enseñanza los más jóvenes y bajó hasta las cocinas. Después se colocó ante el gran portón que daba al camino y se quedó quieto esperando. Y no hubo nadie en el convento que no se diera cuenta de que el lama Nan Singh estaba a punto de llegar.

El invierno pasó y de nuevo llegó la primavera.

Kang Rimpoche había crecido mucho y se había convertido en un águila magnífica que volaba por encima del Lago Sagrado, se alejaba hasta la Montaña Santa y era señalada con admiración por las caravanas de peregrinos que llenaban los caminos y las cercanías del monasterio.

Un día, el lama Nan Singh, que miraba desde la ventana de su celda el vuelo de Kang Rimpoche, le sonrió diciéndole:

—Ya es hora de que busques tu camino. Ya no necesitas ayuda.

Y Kang Rimpoche voló cada vez más lejos. Conoció otras alturas, encontró compañera y construyó su propio nido. Pero siempre volvía a visitar a Nan Singh, el monje que lo había salvado.

Una tarde en que el águila se había parado a descansar sobre unas rocas, oyó a tres hombres que, en un recodo del camino, hablaban entre ellos.

—Nos mezclaremos con los peregrinos...

—Esperaremos hasta la noche y, cuando todos duerman, forzaremos la puerta del convento.

—Antes de que los monjes despierten estaremos bien lejos sin que nadie sospeche de nosotros.

Kang Rimpoche, alarmado por lo que había oído y no queriendo perder de vista a los bandidos, envió su pensamiento a través de la distancia hasta la celda de Nan Singh, para advertirle de lo que pasaba.

—Está bien —le contestó el monje—, déjalos venir.

Y los ladrones, tal como lo habían planeado, se mezclaron entre las gentes que acampaban junto al monasterio, aguardaron a que todos estuvieran dormidos, cubrieron sus caras con máscaras, sacaron las armas que llevaban escondidas bajo las ropas y se acercaron al monasterio. Forzaron la puerta, se deslizaron a oscuras hasta el templo y entraron en él. Aún no habían dado más que unos pasos en el interior del recinto, cuando el asombro los dejó paralizados. Los cantos de los monjes se alzaron en la oscuridad, después las grandes lámparas fueron encendidas y a su resplandor los ladrones vieron que todos los monjes del convento ocupaban sus sitios, llenando el templo. Los ladrones retrocedieron intentando escapar, pero las puertas habían sido cerradas.

Lluvia de fuego (El viaje de Xía Tenzin)

Xía Tenzin era el hermano pequeño de Jentzi y su hermana le había llevado en una tela sobre su espalda. Cuando eran pequeños desapareció su padre y ellos sobrevivieron al frío cuidando el rebaño de yaks. Pero con la muerte de su madre, llegó la soledad y el hambre.

Tenzin era un joven corpulento y, sobre todo, alto: creció hasta los dieciséis años como cualquier chico de su edad, pero a causa de una enfermedad siguió creciendo más y más, como el bambú, hasta que llegó a alcanzar los 2,40 metros.

Le llamaban el gigante de Sakya.

Cuando eran niños les contaron —a Jentzi y Xía Tenzin— que su padre se había ido a ver el mar y que nunca más regresó. Ahora al cabo de los años, Xia Tenzin quería hacer lo mismo: ver el mar y, de paso, buscar a su padre.

—Aunque vivamos en las montañas más altas del planeta, aunque me digan que soy el hombre más alto del mundo, desde aquí no puedo ver el mar, no puedo olerlo —decía.

Jentzi recordó que Xía Tenzin había visitado a un brujo, como se acostumbraba en el Tíbet antes de emprender un largo viaje, que le predijo un viaje largo y peligroso, accidentado y maravilloso, pero también le dijo que tenía que esperar a que llovieran mariposas para partir. [...]

—¡Ha llegado el día! —dijo Xía Tenzin mirando al cielo, y una sonrisa se dibujó en sus labios.

Se le aceleró el corazón y sus piernas le ordenaron que se pusiera en marcha. Sin embargo, Xía Tenzin permaneció inmóvil mirando al cielo. Era una lluvia de cientos, miles de colores, que le hizo recordar las palabras del adivino: «Cuando llegue la lluvia de mariposas, ponte en marcha».

Entonces comprendió que había llegado la hora: el cielo estaba lleno de banderitas que había transportado el viento y que ahora sacudía como si fueran cientos, miles de mariposas volando.

Así pues, obedeció a sus piernas, dejó a su perro, Xui, al cuidado del rebaño de yaks, y se dirigió a la aldea. Primero se despidió de Dode, su amigo ciego, y después se fue a casa. Allí cogió el morral que tenía preparado desde hacía mucho y volvió a subir por el camino, pero esta vez para acercarse al monasterio, donde lo esperaba su hermana Jentzi. Con el corazón aún sobresaltado, le dijo:

—¡Hoy es el día! [...]

Jentzi, sonriente, se dirigió a su hermano:

—Ve, que tengas un buen viaje, un viaje maravilloso. Cuando vuelvas me contarás cómo es el mar.

> Y emprendió el viaje. Un viaje siguiendo el río Amarillo hasta el mar. Un viaje lleno de aventuras, de esfuerzo, alegría y dolor. Pasó por muchos lugares y pudo ayudar a muchos. También fue perseguido y encarcelado. Por todos los lugares por los que pasaba preguntaba por su padre, pero nadie sabía nada de él.
> Aquí os voy a contar la aventura que él llamó *Lluvia de fuego*.

Había una vez un pueblo antiguo y lejano llamado Gu-Mang. Allí nunca entraba ni la luz de la luna ni la del sol. Sus habitantes apenas utilizaban ropa porque no hacía ni frío ni calor; comían poco y se pasaban el día durmiendo. Se despertaban una vez cada cuarenta días y, por ello, creían en las cosas que aparecían en sus sueños y no en las que veían cuando despertaban.

Era una antigua leyenda que les contaba su madre, cuando eran niños, a Jentzi y a Xía Tenzin. Él lo recordó muchas veces a lo largo de su gran viaje. Se sentía como en sueños al admirar la Gran Muralla, al pasar por ciudades increíblemente hermosas como Pingyao o Xi'an, o al admirar cascadas como la de Hukou. Pero aquellos paisajes, aunque a veces le costaba creerlo, eran completamente reales.

Un día de verano, al atardecer, Xía Tenzin subía una colina y se detuvo a un lado del camino para descansar y contemplar la puesta del sol. Lo rodeaban campos de arroz y de trigo y abajo, en el valle, distinguió varias aldeas.

Pero el hermano de Jentzi presintió algo, algo terrible; vio algo, algo terrible; así que en un abrir y cerrar de ojos, le arrancó de las manos una antorcha a un campesino y se dedicó a prender fuego a todo lo que se ponía delante. La escena solo podía ser una pesadilla.

El campesino no consiguió detenerlo: el gigante se había vuelto loco, parecía poseído. La velocidad de su mano y la fuerza del viento arrollador propagaron inmediatamente las llamas.

Cuando vieron el fuego, los angustiados habitantes de las aldeas recogieron toda el agua que pudieron y subieron velozmente a sus tierras a pie, a caballo, con sus carros... Eran sus cosechas, su supervivencia. Los campesinos iban y venían nerviosos, confundidos, pero enseguida se dieron cuenta de que ya no había remedio: el fuego lo había arrasado todo. Las ráfagas de viento levantaban por los aires cientos, miles de chispas y de rescoldos.

Cuando ya no quedaba nada más por arder, con un viento tormentoso que traía la lluvia demasiado tarde, los campesinos quisieron saber cómo se había producido el incendio.

—He sido yo —reconoció Xía Tenzin.

Los lugareños se sorprendieron: primero al descubrir a aquel extraño hombretón; después porque no intentó esconder su culpa y, en tercer lugar, más que sorprenderse se atemorizaron.

—¡Mirad el río! —les instó Xía Tenzin, señalando el valle con el dedo.

Todos vieron con espanto y con el corazón encogido una enorme muralla de agua. El río Amarillo bajaba más crecido y caudaloso que en las inundaciones más grandes que recordaban; quizá al deshielo se habían unido las aguas torrenciales de alguna tormenta lejana.

En instantes, la tromba devastadora se llevó por delante las aldeas como si fuesen barquitos de papel. Fue cuestión de segundos, los suficientes para que la embestida acabara con todo.

En lo alto de la colina todo abrasado y en el valle todo arrasado. Los campesinos se explicaron lo sucedido: Xía Tenzin, con su altura, pudo distinguir una nube única y oscura en el horizonte, el viento violento le trajo el presagio del drama y, por último, divisó a lo lejos la mole de agua: en el apuro, se le ocurrió incendiar las cosechas como último remedio para proteger sus vidas: si veían el fuego, los campesinos subirían rápidamente a salvar sus campos. Las aldeas se habían destruido y la cosecha se había perdido pero, al menos, habían sobrevivido.

Los campesinos fueron conscientes de lo ocurrido y se lo agradecieron a Xía Tenzin. Pero las piernas del viajero ya le ordenaban seguir su camino. Se despidió entre abrazos, sabiendo muy bien que no había preguntado por su padre: estaba claro que no era el momento.

Caminó despacio, con pesadez, seguro de que su viaje era completamente real a pesar de que parecía un sueño y de que, así mismo, el mar de sus sueños estaba cada vez más cerca.

«Trapa, trapa…». Balanceando los brazos y arrastrando su cuerpo empapado, Xía Tenzin recordó las palabras del adivino:

«El viaje será accidentado, peligroso y lleno de imprevistos. Tendrás alegrías, tendrás tristezas; sentirás dolor, tendrás esperanza; causarás sorpresa…»

Patxi Zubizarreta, *El maravilloso viaje de Xía Tenzin*, Ed. Edelvives, Col. Ala Delta.

Veamos lo que trae el tiempo

(Consejo chino)

Había una vez un campesino chino, pobre y muy sabio, que trabajaba la tierra duramente con su hijo. Un día el hijo le dijo:

—Padre, ¡qué desgracia! Se nos ha ido el caballo.

—¿Por qué le llamas desgracia? —respondió el padre—, veremos lo que trae el tiempo.

A los pocos días el caballo regresó, acompañado de otro caballo.

—Padre, ¡qué suerte! —exclamó esta vez el muchacho—, nuestro caballo ha traído otro caballo.

—¿Por qué le llamas suerte? —repuso el padre—, veamos qué nos trae el tiempo.

En unos cuantos días más, el muchacho quiso montar el caballo nuevo, y este, no acostumbrado al jinete, se enfureció y lo arrojó al suelo. El muchacho se quebró una pierna.

—Padre, ¡qué desgracia! —exclamó ahora el muchacho—. ¡Me he roto la pierna!

Y el padre, retomando su experiencia y sabiduría, sentenció:

—¿Por qué le llamas desgracia? ¡Veamos lo que trae el tiempo!

El muchacho no se convencía de la filosofía del padre, sino que se quejaba en su cama. Pocos días después pasaron por la aldea los enviados del rey, buscando jóvenes para llevárselos a la guerra. Vinieron a la casa del anciano, pero como vieron al joven con su pierna entablillada, lo dejaron y siguieron de largo.

El joven comprendió entonces que nunca hay que dar ni la desgracia ni la fortuna como absolutas, sino que siempre hay que darle tiempo al tiempo para ver si algo es malo o bueno.

Moraleja: lo mejor siempre es esperar el día de mañana, y confiar en que todo sucede con un propósito positivo para nuestras vidas.

Glosario

a cal y canto. Perfectamente cerrado.

abarca. Calzado rústico (cubre la planta y dedos del pie; se ata con cuerdas al tobillo).

achaparrado. Bajo y ancho, rechoncho.

aferrar. Agarrar, coger.

agazaparse. Esconderse encogiendo el cuerpo.

ahuyentar. Hacer huir, espantar, alejar.

alambique. Aparato que sirve para destilar o purificar un líquido.

altercado. Discusión fuerte o violenta.

andurriales. Lugares fuera del camino.

antídoto. Sustancia que contrarresta los efectos del veneno.

arcilla. Tierra de grano muy fino que empapada en agua es moldeable.

artilugios. Aparatos o mecanismos poco perfeccionados.

atenazado. Paralizado, inmovilizado.

atusar. Arreglar ligeramente el pelo con la mano o el peine.

aullar. Chillar, gritar.

bajel. Barco, buque.

bandadas. Grupo de aves que vuelan juntas.

barbilampiño. Hombre que no tiene barba, o tiene poca.

bayas. Frutos carnosos, sin hueso, con pequeñas semillas rodeadas por la pulpa.

blandir. Mover un arma u otra cosa con movimiento tembloroso.

bogavante. Animal marino muy parecido a la langosta.

botarate. Atontado, cabeza loca.

bruma. Niebla, especialmente la que se forma sobre el mar.

bufón. Payaso, persona que se dedica a divertir y hacer reír.

cachivaches. Utensilios rotos o arrinconados por inútiles.

cadalso. Lugar donde se ejecuta la pena de muerte.

candor. Ingenuidad, inocencia.

cansino/a. Lento, perezoso, tardo.

capital ingente. Riqueza inmensa o muy grande.

carpa. Pez de agua dulce.

carrasca. Árbol parecido a la encina.

catalejo. Aparato para ver desde lejos.

chamuscado. Quemado o tostado superficialmente.

chirigota. Broma.

circunspecta. Que actúa con seriedad y prudencia.

confirmación. Ratificación, demostración.

conmiseración. Compasión que se siente ante el mal ajeno.

consecutivas. Seguidas.

constelada. Llena, cubierta.

contundente. Totalmente convencido.

cornete. Cuernecillo.

cosacos. Habitantes de un antiguo pueblo de las estepas rusas.

cúpula. Cubierta semiesférica de un edificio.

D.E.P. Descanse en paz.

daga. Arma blanca de mano de hoja corta y ancha.

despojos. Sobras o residuos.

devorado. Comido, consumido, tragado con ansia.

echar pestes. Quejarse de alguien o de algo.

enarbolar. Levantar algo con lo que se amenaza a otro.

energético. De la energía.

engreído. Vanidoso, presumido.

enigmática. Misteriosa.

ensimismamiento. Resultado de concentrase en sí mismo y aislarse del exterior.

escamotear. Robar, disimular, engañar, ocultar, esconder.

escarlata. Rojo, granate.

escuálido. Muy delgado, esquelético.

esfumar. Desvanecerse, evaporarse.

espécimen. Modelo, ejemplar.

espeluznado. Estremecido por el miedo.

esperpento. Persona o cosa muy fea o ridícula; mamarracho.

estameña. Tejido de lana sencillo y ordinario.

estentóreo. Se dice de voz muy fuerte o retumbante.

estratagema. Acción engañosa para conseguir algo.

estrategia. Plan o habilidad para dirigir un asunto hasta conseguir el fin propuesto.

estridente. Ensordecedor, destemplado.

estupefacto. Asombrado, pasmado, sorprendido.

evasivamente. Dejando de lado la dificultad.

extravagante. Fuera de lo común, excesivamente original.

exuberante. Abundante y apretada.

fascinar. Encantar, atraer irresistiblemente.

fechoría. Travesura, trastada.

follaje. Conjunto de ramas y hojas de los árboles y plantas.

frac. Traje de etiqueta masculino que tiene por detrás dos faldones.

fragante. De olor agradable y suave.

fruición. Goce, placer, deleite.

fusta. Látigo que se usa para estimular a las caballerías.

galeón. Embarcación grande de vela y remo usada en los siglos XV a XVII.

galimatías. Confuso, embrollado, enredado.

gola. Adorno del cuello hecho de tul y encajes.

gramófono. Aparato que reproduce los sonidos que están en un disco giratorio.

gramola. Modalidad de gramófono.

guadaña. Intrumento para segar mieses.

guarda. Hoja que se pone al principio y al final de un libro al encuadernarlo.

guarnecido. Adornado, embellecido.

horca. Instrumento para dar muerte a los condenados, colgándoles por el cuello.

idólatras. Que adoran a ídolos.

incensario. Braserillo con cadenillas y tapa para quemar y esparcir incienso.

incienso. Resina que produce un olor aromático al arder.

increpar. Reñir con severidad, reprender.

inexorablemente. Inevitablemente.

intransitable. De difícil paso.

izadas. Subidas.

jactancia. Orgullo, presunción.

jubón. Camisa ajustada al cuerpo que cubre desde los hombros hasta la cintura.

juegos malabares. Juegos de destreza (lanzar al aire objetos y recogerlos).

levita. Vestidura masculina de etiqueta, más larga y amplia que el frac.

longaniza. Embutido relleno de carne de cerdo.

mala crianza. Mala educación.

malandrín. Malvado, perverso, persona de mal vivir.

mandarín. Hombre que gobierna una ciudad o administra la justicia (en China).

mastuerzo. Majadero, mentecato, insensato.

mellar. Hacer hendiduras en el filo de un arma.

mentecato. Insensato, atontado, majadero.

modoso. Que se comporta bien y es educado.

mole. Gran masa.

morada. Vivienda, lugar donde se vive.

mugre. Suciedad.

non fuyades. No huyáis.

nudosa. Que tiene nudos.

obsoleto. Anticuado.

ondear. Moverse haciendo ondas.

orfebre. Quien trabaja en la fabricación de objetos artísticos con metales nobles.

palpar. Tocar con las manos para reconocer o examinar algo.

papel de guardas. Papel que ponen los encuadernadores al principio y al final de los libros.

parentela. Conjunto de los parientes o familiares de alguien.

percatarse. Advertir algo, notar algo.

periquete. Brevísimo espacio de tiempo.

perturbado. Trastornado, chalado.

perverso. Malvado, depravado.

plagada. Llena.

plenilunio. Luna llena.

pócima. Bebida medicinal de sabor desagradable.

polaina. Especie de media que cubre la pierna hasta la rodilla.

presagio. Señal que anuncia un suceso futuro.

prodigio. Suceso extraordinario que no tiene explicación razonable.

proverbio. Sentencia o refrán popular que contiene una enseñanza.

púrpura. Color rojo subido que tira a violeta.

quebrar. Romper algo duro o rígido en trozos.

quimeras. Ilusiones, ensueños.

ralo/a. Que sus componentes están más separados de lo normal.

redoma. Vasija de vidrio ancha en su fondo que va estrechándose hacia la boca.

remusguillo. Inquietud suave —como viento frío— que se tiene por alguna cosa.

renqueante. Como de cojo, tambaleante.

repletas. Muy llenas, rebosantes.

rescoldo. Brasa menuda resguardada por la ceniza.

ristre. Hierro del peto de la armadura donde se afianzaba la lanza.

romaza. Hierba común en España, de 6 a 8 cm de altura.

ronronear. Producir el gato una especie de ronquido para manifestar que está a gusto.

rubricados. Firmados.

rufián. Hombre despreciable, sin honor, que vive de engaños y estafas.

rulo. Rizo de cabello.

sigilosamente. Que actúa silenciosamente, con discreción o silencio.

siniestro. Amenazado, trágico.

sollozo. Movimiento convulsivo respiratorio que suele acompañar al llanto.

sopesar. Calcular las ventajas e inconvenientes de un asunto, decisión, etc.

sumirse. Concentrarse, abstraerse.

sumo. Arte marcial de origen japonés.

talud. Inclinación de un terreno, cuesta.

tamarindo. Árbol (originario de Asia) grueso, alto,frondoso y con flores amarillas.

tener malas pulgas. Tener mal humor, irritarse con facilidad.

tremolar. Ondear, mover, agitar.

tripulación. Personas que van en una embarcación para su maniobra y servicio.

tromba. Gran cantidad (de agua) que se precipita violentamente.

tumulto. Alboroto que provoca la multitud.

vuestra merced. Usted.

yacer. Estar echado o tendido.

zafarse. Escaparse, evitar hacer algo.

zarpar. Levantar el ancla para que el barco empiece a navegar.

zozobrar. Peligrar la embarcación por la fuerza e irregularidad de los vientos.

Sugerencias de actividades

Se enumeran a continuación una serie de actividades de animación a la lectura que el profesor puede realizar con algunos textos que figuran en este libro. Pretenden ser ideas sobre cómo acercar el texto a los alumnos y cómo avivar su deseo lector, sin recurrir a trabajos de Lengua.

No quisiera que esta relación se convirtiera en «lo que tiene que hacer el profesor», pues es él quien conoce a sus alumnos y sabe qué hacer en cada caso para que gocen y sientan deseos de leer, de aprender.

Actividades posibles para realizar

- Pedir a los alumnos que observen la cubierta del libro, realizada por Juan Ramón Alonso, y debatir sobre ella en clase:
  - ¿Les gusta? (explicar por qué sí o por qué no).
  - ¿Hubieran elegido alguna otra para poner en la portada? ¿Cuál?
  - ¿Qué les sugiere?, ¿les recuerda o comunica algo?
- Preguntarles si la ilustración que acompaña a tal o cual narración o poesía (elegir la que os parezca apropiada para este ejercicio) les parece adecuada y por qué.
- Plantearles que imaginen que son un escritor y van a escribir un libro:
  - ¿Qué tema escogerían? ¿Dónde transcurriría la acción? ¿Para qué público lo escribirían?
  - ¿Qué dibujante les gustaría que lo ilustrara? ¿Cuántas páginas tendría?
- *Entrar en un cuento* (pp. 6-11): en el cofre de los piratas de la lectura había muchas piedras preciosas, se podría preguntar: ¿de qué color son las amatistas, las esmeraldas, los topacios...? ¿Cómo se llaman las piedras de color rojo?... Esta actividad está relacionada con los minerales y suele gustarles conocerlos, por lo que se podría aprovechar esta lectura para enseñarles algunas piedras que existan en el laboratorio de Ciencias Naturales.
- *Trócolo, un duende de imprenta* (pp. 17-21): aprovechando esta lectura podemos hablar de los árboles genealógicos y hacer el de Trócolo. Despues podrían realizar el árbol genealógico de su familia.
- *Cómo se hace un libro* (pp. 24 y 25): una actividad relacionada con la elaboración de un libro puede ser visitar una imprenta.

- *Por qué leer* y *Los libros son...* (p. 26): se puede hacer un concurso de eslóganes sobre «Lectura» o de «El libro y los libros».

- *Los libros nos dan pistas* (pp. 27-32): en este relato aparecen algunos nombres de autores y de títulos de obras sin autor. Podemos repartirlos entre los alumnos para que busquen datos de los escritores nombrados e indiquen quiénes son los autores de las obras citadas. En concreto:
  – Buscar datos de Chesterton, Edgar Allan Poe, Aghata Christie, Miguel Arteche, Alejandro Casona, Luisa Josefina Hernández, Alan Sillitoe, A. J. Cronin y Rosamel del Valle.
  – Indicar quiénes son los autores de: *El Poema del Mío Cid, La isla del tesoro* y *Taras Bulba.*

  Esta actividad se puede hacer en la biblioteca del centro escolar.
  Otro tipo de actividad que se puede realizar es hacer preguntas acerca de lo se dice en el texto:
  – ¿Quién es Frigga?
  – ¿Cómo es el cuadro del que habla el texto?
  – ¿Quién es Sherlock Holmes?

- *El Belén que puso Dios* (pp.40-44): escenificar el texto. Aprovechar esta actividad para explicarles cómo se monta una obra de teatro: escenario, tramoyas, actores, vestuarios, apuntador, director, técnicos de luces, sonido, etc.

- *El duende de la ñ* (pp. 60-65): realizar un juego de imaginación continuando el relato:
  – ¿Dónde está el duende?
  – ¿Qué hace el duende?

  Además, podemos hacer una lista de palabras que empiezan con eñe, y otra de palabras que tienen eñe.

- *La batalla contra el dragón* (pp. 71-74): en esta lectura se hace una minuciosa descripción de cómo es el dragón. Proponerles que lo dibujen. Otra actividad que puede plantearse es escribir un relato paralelo, imaginando que el perro que acompaña a Juanolo en vez de esconderse en un agujero, se comporta de forma fiera y valiente.

- Al final del bloque 7 (p. 82), explicarles que hay muchas frases hechas y refranes en nuestro folclore popular. Proponer que cada alumno busque cinco en su casa. Después se realizará con todos un «Libro de refranes y frases hechas». Sugerirles que pueden consultar en libros y preguntar a personas mayores que conozcan.

- *Goewín, el hada verde* (pp. 83-89): esta lectura puede dar lugar a hablar de la contaminación y los incendios: ¿cómo se producen los incendios?, ¿cómo se pueden evitar? Pensar las consecuencias de un gran incendio y exponerlas en clase.

- *Malos tiempos para fantasmas* (pp. 94-100): esta historia está sin terminar. Max y su abuela regresan a su casa después de fracasar al intentar asustar a los policías. ¿Qué harán ahora? Dejar volar la imaginación e inventar un final. Este trabajo puede realizarse en pequeños grupos de 3 o 4 alumnos.

- *El último vampiro* (pp. 117-123): después de leer este texto, proponerles realizar una descripción del castillo Alucad en un día de sol espléndido y buena temperatura, y en un día de tormenta con frío, rayos y truenos.
- *El aprendiz de mago* (pp. 128-132): comentar esta lectura planteando preguntas:
  – ¿Qué función puede tener ese «reloj» que ve Max al entrar en la casa del mago?
  – ¿Por qué el mago August J. Medardus ha puesto su esquela en el periódico?
- En el bloque 13 (pp. 140-151) las lecturas de piratas están redactadas con mucho sentido del humor. Se aconseja hacer una puesta en común, contando cada uno con espontaneidad lo que más gracia le ha hecho. Si se crea un buen ambiente podremos reírnos todos.
- *El gigante Zon* (pp. 152-157): proponer qué otro título pondrían al relato. Este ejercicio debe hacerse después de leerlo con atención. También podríamos pensar qué vehículo, o medio de desplazamiento, le proporcionaríamos al gigante Zon para que pueda vigilar con eficacia el bosque, ahora que ha perdido una bota.
- *¿Eran molinos o eran gigantes?* (pp. 159-161): antes de leerlo conviene explicar a los alumnos quiénes son Don Quijote y Sancho Panza, así como quién escribió este libro de aventuras en el que aparecen, llamado El ingenioso hidalgo Don Quijote de la Mancha. También se puede representar el suceso de los molinos de viento.
- *Una visita nocturna* (pp. 163-169): para motivar la curiosidad del alumno —antes de iniciar la lectura— podríamos pararnos en el título y preguntar: ¿qué sugiere?, ¿quién puede ser el visitante?, ¿de dónde viene?
- *El aguilucho de Nan Singh* (pp. 173-178) y *Lluvia de fuego* (pp. 180-183): con estas lecturas se podría establecer un diálogo para descubrir los valores que contienen. De este modo, además de enseñarles a respetar la opinión de los demás y a saber argumentar la propia, estaremos haciéndoles pensar sobre lo leído.

Con poesías:

- Tras leer el libro, se puede pedir a los alumnos que digan cuál ha sido el poema que más les ha gustado y por qué.
- Pedirles que realicen una ilustración o imagen para acompañar el poema elegido.
- Leer en voz alta alguna poesía y enseñarles a darle entonación y ritmo. Ayudarles a perder el miedo a equivocarse.
- Llenar el corcho de la clase con «Nuestros poemas preferidos», aportando uno cada alumno y hacer una fiesta: los tres o cuatro más votados serán recitados de memoria, con un vestuario adecuado, con acompañamiento rítmico a base de instrumentos (realizados con materiales de desecho) y ambientando la clase con ilustraciones sobre el tema.
- Escribir un poema. El profesor dará tres o cuatro temas (relacionados con las lecturas realizadas) y cada alumno elegirá el tema que más le inspire.